Les bases fondamentales de la langue chinoise

L'écriture et la prononciation chinoises

Discovery Publisher

Titre original: *Chinese Without Tears for Beginners*

Pour l'édition française:
2015, première édition, ©Discovery Publisher
2022, deuxième édition, ©Discovery Publisher

Auteur : Brian Stewart
Traduction : Serge Heniqui

616 Corporate Way
Valley Cottage, New York
www.discoverypublisher.com
editors@discoverypublisher.com
Fièrement pas sur Facebook ou Twitter

New York • Paris • Dublin • Tokyo • Hong Kong

Avant-propos

Lorsque j'étais étudiant, j'ai dû assimiler la langue chinoise comme l'aurait fait un enfant chinois, au travers d'une pratique répétitive sans fin (les fameux 3P : « pratiquez, pratiquez et pratiquez encore. ») Cette approche était un excellent moyen de développer la calligraphie, mais s'avérait une méthode d'apprentissage aussi contraignante qu'inefficace pour un adulte.

D'ailleurs, quelques années plus tard et après des dizaines de conversations avec des étudiants en difficulté, j'étais totalement persuadé que le désarroi de ces derniers provenait d'un manque de perception précis des règles fondamentales du chinois. Leur esprit et leurs efforts se dépensaient dans une approche répétitive mais floue et dispersée de la langue qui contrariait leur progression et les dissuadait même de persévérer.

Heureusement, il existe des solutions alternatives plus adaptées à nos mentalités occidentales et aux exigences de rapidité ou d'efficacité du monde actuel. C'est ainsi que bien avant l'achèvement de mes études de chinois, j'avais découvert et mis en pratique une multitude de synthèses, d'explications utiles, d'astuces, de moyens mnémotechniques simples, qui, avec le recul, auraient grandement facilité et accéléré mes débuts laborieux. Cette pédagogie nouvelle, utilisée en remédiation aux difficultés des étudiants en question a d'ailleurs presque toujours prouvé sa grande efficacité en aidant ces derniers à se forger une vision plus globale de la langue et en favorisant la mémorisation des bases incontournables du chinois. Et cette efficacité reconnue et appréciée leur a généralement rendu l'envie de poursuivre dans leur étude de cette belle langue.

C'est avec la volonté de partager cette approche novatrice, d'aider tous les étudiants étrangers à s'approprier dans la joie et l'efficacité les fondements indispensables de la lecture, de l'écriture et de la prononciation du chinois, que j'ai entrepris d'écrire cet ouvrage. Les progressions, synthèses, exercices ludiques et contrôles qu'il propose sont à même d'aider le débutant enthousiaste à faire une incursion profitable et gratifiante dans les plaisirs de la langue chinoise.

Brian Stewart

Table des matières

Liste des tableaux

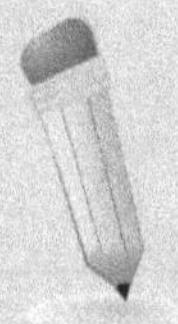

Avant de démarrer...

Avant de démarrer, il serait indiqué de vous procurer :

- 168 fiches cartonnées vierges avec ou sans index, format 8x15 cm environ (soit une pour chaque caractère).
- Un stylo.
- Un dictionnaire français-chinois.

LEÇON 1

Définition	Un (nombre et article), seul, une fois que, entier, complet, tout, pendant tout le temps
Evolution du caractère	
Ordre des traits	
Proverbe chinois	一见钟情

SAUTONS DANS LE PETIT BASSIN

Vous connaissez très certainement les 3 sinogrammes suivants :

- Un 一
- Deux 二
- Trois 三

Le nombre « dix » 十 est lui aussi facile à se rappeler. C'est comme le trait horizontal final qui barre un fagot de 9 bûchettes pour marquer le comptage de 10 objets commerciaux ou un score sportif.

Il est important de commencer à écrire tout de suite. Dans l'idéal, il vaut mieux apprendre à utiliser un pinceau, ce qui dissuade de tracer les traits dans le mauvais sens. De plus pinceaux et encre sont bon marché, et la calligraphie s'avère un loisir agréable. Mais quoi que vous utilisiez, **pratiquez**.

La plupart des caractères sont tracés à partir de leur coin supérieur gauche, leur premier trait partant vers la droite ou le bas :

- Un 一 direction du trait →
- Deux 二 direction du trait → →
- Trois 三 direction du trait → → →
- Dix 十 direction du trait → ↓

Il y a des exceptions, mais elles sont peu nombreuses, et de toute manière, aucun caractère ne s'écrit en démarrant en bas à droite. Chaque leçon vous montrera comment écrire les caractères que vous viendrez d'apprendre et vous donnera l'occasion de pratiquer.

Vous remarquerez dans le tableau ci-dessous que nous nous intéressons à la fois au tracé du caractère et à son sens, comme nous continuerons de le faire à chaque fois.

Ne vous souciez pas de la façon de dire ces symboles. Pour l'instant, notre préoccupation se limite au tracé des caractères[1], et pas à leur prononciation qui sera abordée plus tard.

Allez, on essaye !

#	Apprenez à tracer vos 4 premiers caractères chinois									
1	一	一								
2	二	二	二							
3	三	三	三	三						
4	十	十	十							

1	一									
2	二									
3	三									
10	十									

1. Au cours des leçons qui vont suivre, nous indiquerons en même temps les deux séries de caractères chinois, les sinogrammes traditionnels et les sinogrammes simplifiés. La série traditionnelle sera marquée par « (t : ...) ». Reportez-vous p. 46, à « Chinois Simplifié et Chinois Traditionnel » pour plus d'informations.

LISTE DES CARACTÈRES CHINOIS #1 À #27

INTRODUCTION

Les caractères introduits ci-dessous forment les fondations sur lesquelles nous construirons notre progression tout au long des leçons à venir. Etudions en premier ceux qui possèdent des structures similaires.

#	CARACTÈRE	SIGNIFICATION	DESCRIPTION ET EXPLICATION
5	人	Homme / personne / être humain	Esquisse de silhouette avec un tronc et deux jambes ; sorte d'homme en bâtons
6	个	Individu / ce / cet / taille / terme générique pour personnes ou objets	Pictogramme d'une pousse de bambou, ou chiffre 1 (t : 個)
7	大	Grand / gros / énorme / vaste / large / immense / profond / plus âgé / aîné	Une personne aux bras écartés
8	太	Plus haut / plus grand / trop / très / extrêmement	Grand 大 (caractère #7) avec point supplémentaire marquant l'emphase
9	天	Jour / ciel / cieux	Le ciel est la plus grande chose qu'une personne (caractère #7) puisse voir
10	从	(venir) de / suivre / via / au travers de / passé / toujours	Deux personnes qui se suivent (t : 從)
11	内	Dedans / intérieur / interne	Une personne à l'intérieur de quelque chose

#	CARACTÈRE	SIGNIFICATION	DESCRIPTION ET EXPLICATION
12	肉	Viande / chair / pulpe (d'un fruit)	Carcasse éventrée
13	土	Terre / poussière / argile / sol / indigène / local / pas compliqué	Une plante qui pousse à travers le sous-sol puis le sol
14	坐	S'asseoir / prendre un siège / prendre (le bus, l'avion, etc.)	Deux hommes sur le sol
15	广	Vaste / nombreux / répandre	La moitié d'une grande pièce ; un abri ; un auvent (t : 廣)
16	座	Siège / base	Deux personnes assises dans une pièce (caractères #14 et #15)
17	占	Prendre possession de / occuper / constituer / former / expliquer	Un mot qui sort d'une bouche
18	点	Goutte / point / (heure) pile / un peu / terme générique pour de petites quantités indéterminées	Objet (caractère #17) au-dessus des flammes, et qui donc rapetisse ou se divise (t : 點)
19	店	Auberge / boutique / magasin	Personnage debout sous un abri (caractères #17 et #15)
20	床	Lit / couche / terme générique pour lits	Du bois (caractère #28) sous un abri (caractère #15), ce qui forme un lit
21	去	Aller / enlever / à peine fini ou passé	Une personne (caractère #5 modifié) qui quitte un trou (modifié), suggérant le mouvement

#	CARACTÈRE	SIGNIFICATION	DESCRIPTION ET EXPLICATION
22	在	Situé à / être dans / exister / en cours d'activité	Pictogramme d'un brin d'herbe qui sort de terre (caractère #13)
23	王	Roi / le meilleur ou le plus fort dans son genre / grand (iose) / principal	Une ligne qui domine la terre (caractère #13) ; un suzerain à la tête de son territoire ; un roi
24	主	Propriétaire ou maître / hôte / premier / originel	Pictogramme d'un roi (caractère #23) surmonté d'une flamme
25	住	Vivre à / habiter / résider / rester / s'arrêter	Un maître (caractère #24) fixé par un pieu
26	国	Pays / nation / état / national	Une région clôturée (t : 國) ; maintenant un « jade » entouré par une frontière
27	因	La cause / la raison / parce que	A l'extérieur, une sorte de clôture qui représente une grille, un mur, ou même une frontière entre nations (c'est un radical ; il sera étudié plus tard) ; à l'intérieur un homme ; un homme dans son environnement

Tableau 1 : Liste des caractères chinois 1 à 27

SEULE LA PRATIQUE FAIT LE MAÎTRE !

Pratiquez, pratiquez, et pratiquez encore. Essayez de trouver le temps de vous entraîner à écrire vos 27 premiers caractères chinois. Le tableau ci-dessous montre l'ordre et la direction des traits pour chacun des sinogrammes présentés dans la Leçon 1.

人	丿	人								
个	𠆢	个								

大	一	ナ	大							
太	大	太								
天	一	二	チ	天						
从	丿	人	从	从						
内	丨	冂	内	内						
肉	内	肉	肉							
土	一	十	土							
坐	丿	人	从	丛	坐	坐				
广	丶	亠	广							
座	广	座								
占	丨	卜	卜	占	占					
点	占	占	点	点	点					
店	广	店								
床	广	户	庄	床	床					
去	土	去	去							
在	一	ナ	𠂇	在						
王	一	二	干	王						
主	丶	主								
住	丿	亻	住							
国	丨	冂	国	国	国					

Si vous avez un ami chinois qui puisse superviser vos travaux, c'est tant mieux ; mais un recopiage appliqué devrait déjà produire un résultat probant. Plus vous écrirez, plus vos caractères deviendront fluides et présentables.

Nous vous suggérons de recopier sur une fiche cartonnée chacun des sinogrammes rencontrés dans ce livre : le caractère chinois d'un côté, et sa signification de l'autre. Ainsi, vous pourrez commencer à vous constituer un petit « dictionnaire » de fiches que vous compléterez au fur et à mesure. C'est une méthode utilisée par les étudiants chinois eux-mêmes et consacrée par le temps. Gros avantages : le paquet de fiches peut être emmené partout en poche et re-mélangé à l'envi.

Exemple de fiche pour 中 (caractère #151)

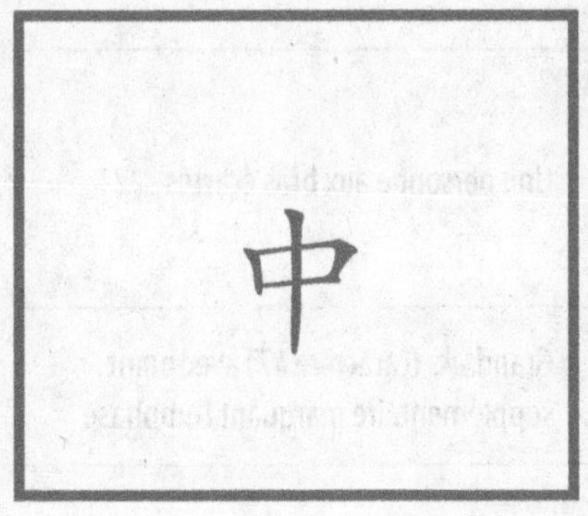

Milieu, centre

Flèche transperçant une cible

Une suggestion : peut-être devriez-vous utiliser des fiches de grande taille, qui laisseront de la place pour des notes ultérieures[1].

1. Techniques de mémorisation (moyens mnémotechniques) : il n'est pas fondamental pour l'apprenant d'adhérer servilement aux remarques de la colonne 4 du tableau ci-dessus (« Description et explication »). N'importe quel truc mnémotechnique personnel peut fonctionner, pourvu qu'il guide votre mémoire avec efficacité. L'essentiel est que chaque nouveauté vienne se loger fermement dans votre cerveau. Un étudiant pétri d'ambition souhaitera peut-être émuler le Père Ricci, ce Jésuite du 18ème siècle qui, après des décennies d'études, emplissait les mandarins d'émerveillement grâce à son savoir encyclopédique et ses tours de mémoire. Nous autres, pauvres mortels, pourrons nous contenter de loger quelques milliers de caractères chinois dans notre « mémoire vive ». C'est là un hobby intéressant, qui peut donner à ses adeptes les mêmes satisfactions et plaisirs que les mots croisés par exemple.

LEÇON 1 : TEST 1

Dans le tableau ci-dessous, et sans regarder ce que nous venons juste d'étudier, tracez chaque caractère chinois selon sa signification.

#	CARACTÈRE	SIGNIFICATION	DESCRIPTION ET EXPLICATION
5		Homme / personne / être humain	Esquisse de silhouette avec un tronc et deux jambes ; sorte d'homme en bâtons
6		Individu / ce / cet / taille / terme générique pour personnes ou objets	Pictogramme d'une pousse de bambou, ou chiffre 1 (t : 個)
7		Grand / gros / énorme / vaste / large / immense / profond / plus âgé / aîné	Une personne aux bras écartés
8		Plus haut / plus grand / trop / très / extrêmement	Grand 大 (caractère #7) avec point supplémentaire marquant l'emphase

#	CARACTÈRE	SIGNIFICATION	DESCRIPTION ET EXPLICATION
9		Jour / ciel / cieux	Le ciel est la plus grande chose qu'une personne (caractère #7) puisse voir
10		(venir) de / suivre / via / au travers de / passé / toujours	Deux personnes qui se suivent (t : 從)
11		Dedans / intérieur / interne	Une personne à l'intérieur de quelque chose
12		Viande / chair / pulpe (d'un fruit)	Carcasse éventrée
13		Terre / poussière / argile / sol / indigène / local / pas compliqué	Une plante qui pousse à travers le sous-sol puis le sol
14		S'asseoir / prendre un siège / prendre (le bus, l'avion, etc.)	Deux hommes sur le sol
15		Vaste / nombreux / répandre	La moitié d'une grande pièce ; un abri ; un auvent (t : 廣)
16		Siège / base	Deux personnes assises dans une pièce (caractères #14 et #15)
17		Prendre possession de / occuper / constituer / former / expliquer	Un mot qui sort d'une bouche

#	CARACTÈRE	SIGNIFICATION	DESCRIPTION ET EXPLICATION
18		Goutte / point / (heure) pile / un peu / terme générique pour de petites quantités indéterminées	Objet (caractère #17) au-dessus des flammes, et qui donc rapetisse ou se divise (t : 點)
19		Auberge / boutique / magasin	Personnage debout sous un abri (caractères #17 et #15)
20		Lit / couche / terme générique pour lits	Du bois (caractère #28) sous un abri (caractère #15), ce qui forme un lit
21		Aller / enlever / à peine fini ou passé	Une personne (caractère #5 modifié) qui quitte un trou (modifié), suggérant le mouvement
22		Situé à / être dans / exister / en cours d'activité	Pictogramme d'un brin d'herbe qui sort de terre (caractère #13)
23		Roi / le meilleur ou le plus fort dans son genre / grand (iose) / principal	Une ligne qui domine la terre (caractère #13) ; un suzerain à la tête de son territoire ; un roi
24		Propriétaire ou maître / hôte / premier / originel	Pictogramme d'un roi (caractère #23) surmonté d'une flamme
25		Vivre à / habiter / résider / rester / s'arrêter	Un maître (caractère #24) fixé par un pieu
26		Pays / nation / état / national	Une région clôturée (t : 國) ; maintenant un « jade » entouré par une frontière

#	CARACTÈRE	SIGNIFICATION	DESCRIPTION ET EXPLICATION
27		La cause / la raison / parce que	A l'extérieur, une sorte de clôture qui représente une grille, un mur, ou même une frontière entre nations (c'est un radical ; il sera étudié plus tard) ; à l'intérieur un homme ; un homme dans son environnement

LEÇON 1 : TEST 2

Dans le tableau ci-dessous, et sans regarder ce que nous venons juste d'étudier, écrivez la signification de chaque caractère chinois.

#	CARACTÈRE	SIGNIFICATION	DESCRIPTION ET EXPLICATION
5	人		Esquisse de silhouette avec un tronc et deux jambes ; sorte d'homme en bâtons
6	个		Pictogramme d'une pousse de bambou, ou chiffre 1 (t : 個)
7	大		Une personne aux bras écartés
8	太		Grand 大 (caractère #7) avec point supplémentaire marquant l'emphase
9	天		Le ciel est la plus grande chose qu'une personne (caractère #7) puisse voir

#	CARACTÈRE	SIGNIFICATION	DESCRIPTION ET EXPLICATION
10	从		Deux personnes qui se suivent (t : 從)
11	内		Une personne à l'intérieur de quelque chose
12	肉		Carcasse éventrée
13	土		Une plante qui pousse à travers le sous-sol puis le sol
14	坐		Deux hommes sur le sol
15	广		La moitié d'une grande pièce ; un abri ; un auvent (t : 廣)
16	座		Deux personnes assises dans une pièce (caractères #14 et #15)
17	占		Un mot qui sort d'une bouche
18	点		Objet (caractère #17) au-dessus des flammes, et qui donc rapetisse ou se divise (t : 點)

#	CARACTÈRE	SIGNIFICATION	DESCRIPTION ET EXPLICATION
19	店		Personnage debout sous un abri (caractères #17 et #15)
20	床		Du bois (caractère #28) sous un abri (caractère #15), ce qui forme un lit
21	去		Une personne (caractère #5 modifié) qui quitte un trou (modifié), suggérant le mouvement
22	在		Pictogramme d'un brin d'herbe qui sort de terre (caractère #13)
23	王		Une ligne qui domine la terre (caractère #13) ; un suzerain à la tête de son territoire ; un roi
24	主		Pictogramme d'un roi (caractère #23) surmonté d'une flamme
25	住		Un maître (caractère #24) fixé par un pieu
26	国		Une région clôturée (t : 國) ; maintenant un « jade » entouré par une frontière
27	因		A l'extérieur, une sorte de clôture qui représente une grille, un mur, ou même une frontière entre nations (c'est un radical ; il sera étudié plus tard) ; à l'intérieur un homme ; un homme dans son environnement

COMMENT ECRIRE LES CHARACTÈRES CHINOIS

Puisque vous avez expérimenté vos premiers caractères chinois dans cette leçon, il est temps maintenant d'apprendre quelques règles de base quant à leur traçage.

TYPE DE TRAITS

Les traits sont traditionnellement classés en 8 formes de base, chacune d'entre elles apparaissant dans le caractère « éternellement » 永. En voici la liste, avec leurs noms contemporains :

1 Point (点)
2 Trait horizontal, de gauche à droite (横)
3 Trait vertical, du haut vers le bas (竖)
4 Crochet à l'extrémité d'autres traits (钩)
5 Trait en diagonale, qui monte de la gauche vers la droite (提)
6 Trait en diagonale, qui descend de la droite vers la gauche (撇)
7 Court trait oblique, descendant de la droite vers la gauche (短撇)
8 Trait oblique, qui descend de la gauche vers la droite (捺)

Ces traits de base sont quelquefois reliés entre eux, sans que la main ne se soulève du papier. Dans l'exemple « éternellement » ci-dessus, les traits 2-3-4 sont tracés en continu, ainsi que les traits 5-6. Aussi, dans les dictionnaires, ce sinogramme est classé comme possédant 5 traits séparés.

ORDRE DES TRAITS

Pour qu'un caractère ait l'air correct, il est essentiel de le tracer dans l'ordre correct. Deux règles fondamentales s'appliquent :

1 Le haut avant le bas
2 La gauche avant la droite

Mais ces règles entrent en conflit chaque fois qu'un trait se trouve en bas à gauche d'un autre. Plusieurs règles supplémentaires permettent alors de résoudre la plupart de ces conflits.

3 Trait vertical gauche (habituellement) avant trait horizontal haut

4 Trait horizontal bas en dernier

5 Trait central avant traits latéraux

6 Traits horizontaux avant traits verticaux sécants

7 Traits descendants à gauche avant traits descendants à droite

Une dernière règle peut encore contredire les autres :

8 Les traits courts se tracent (souvent) en dernier

Malgré ces conflits entre règles, presque tous les étudiants acquièrent rapidement l'intuition correcte de l'ordre adéquat des traits.

ORDRE DES COMPOSANTS

La plupart des caractères chinois sont formés par la juxtaposition de caractères-composants plus simples qui se combinent entre eux. Habituellement, les deux parties simples du caractère final s'écrivent soit l'une sous l'autre, soit côte à côte, de sorte que les deux premières règles de base s'appliquent sans difficulté. Parfois cependant, ces règles entrent en conflit à cause des composants. Quand l'un des composants est en bas à gauche et l'autre en haut à droite, ce dernier se trace parfois en premier. Lorsqu'il y a plus de deux composants, ceux du haut se tracent en premier aussi.

Ces règles supposent que chaque composant soit écrit dans son intégralité avant de commencer le suivant. Il y a pourtant des exceptions, par exemple lorsque l'un des composants en divise un autre, en entoure un autre, ou lorsque, en écriture moderne, les composants individuels ne sont plus discernables.

Si ce qui précède vous embrouille, ne vous affolez surtout pas. Tout cela vous semblera bien plus clair après les deux ou trois premières leçons.

LE CHINOIS PRATIQUE

Vous connaissez deux des trois caractères signalés. Que pensez-vous que l'on fête ? Une nouvelle voiture, une nouvelle chanson, un grand hôtel ?

Vous connaissez l'un des deux caractères signalés. Cette grande inauguration a-t-elle une dimension nationale ?

A partir des deux caractères signalés, pouvez-vous affirmer qu'il s'agit d'un célèbre magazine traitant d'économie et de finance ?

LEÇON 2

Définition	Deux, second, différent, binaire
Evolution du caractère	
Ordre des traits	一 二
Proverbe chinois	二三其德

LA FORMATION DES CARACTÈRES CHINOIS

Nous allons étudier les différents types de caractères chinois : « pictogrammes », « idéogrammes », « combinaisons » et « radicaux ». Parfois, le radical apparaîtra seul, parfois il sera intégré dans un caractère plus complexe qui le combine avec d'autres éléments.

LES PICTOGRAMMES

A l'origine, c'étaient des dessins en bâtons, mais ils ont changé de forme au cours des millénaires. Quelques pictogrammes, par exemple « grand » (caractère #7 « 大 » page 10) ; « suivre » (caractère #10 « 从 » page 10) ; « bois » (caractère #28 « 木 » page 41) ; « bouche », « ouverture » (caractère #45 « 口 » page 36) ; « personne » (caractère #5 « 人 » page 10) sont restés particulièrement explicites.

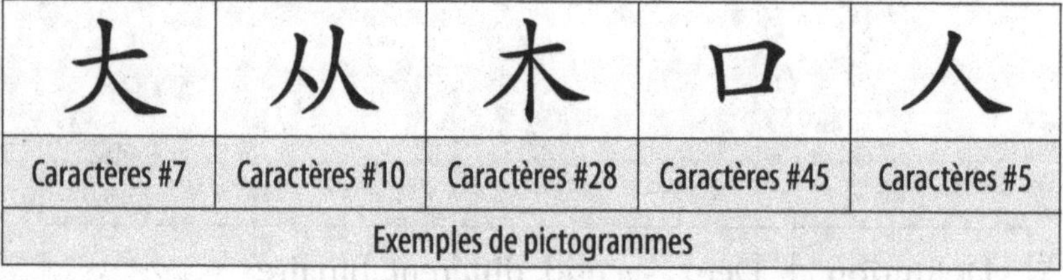

大	从	木	口	人
Caractères #7	Caractères #10	Caractères #28	Caractères #45	Caractères #5
Exemples de pictogrammes				

Mais, malheureusement pour l'étudiant, peu de pictogrammes sont encore si clairement ressemblants à leur modèle originel.

LES IDEOGRAMMES

Les idéogrammes suggèrent une idée ou un concept, plutôt qu'un objet schématisé. Un exemple en est 从, idéogramme que vous avez déjà rencontré et qui signifie « suivre ». Il est formé par deux 人 personnes qui se suivent (caractère #10 « 人 » page 10.)

Un autre exemple 国, pays (caractère #26 « 国 » page 12). C'est la combinaison de deux éléments ; 囗 une frontière (voir radical « 囗 » page 163) et 玉 jade.

LES COMBINAISONS

Les combinaisons associent des éléments pour former un pictogramme ou un idéogramme. Par exemple, 森 forêt (caractère #30 « 森 » page 34), n'est pas un simple schéma signifiant trois arbres, mais un idéogramme qui signifie « forêt ». 休 se reposer (caractère #31 « 休 » page 34) combine deux pictogrammes 人 homme (caractère #5 « 人 » page 10) et 木 arbre (caractère #28 « 本 » page 34), soit un homme qui se repose contre un arbre.

住	相	休	森	和
Caractères #25	Caractères #34	Caractères #31	Caractères #30	Caractères #48
Exemple d'éléments qui se combinent pour former les caractères chinois				

LES RADICAUX

Le terme radical[1] s'emploie la plupart du temps pour désigner une tête de section des dictionnaires chinois (部首, bù shǒu), encore nommée clé ou classificateur.

On utilise les radicaux pour indexer les caractères chinois dans les dictionnaires de chinois. Ce système d'indexation sert de base au classement des caractères chinois depuis des temps immémoriaux, du dictionnaire Shuōwén Jiézì dictionnaire chinois du début du 2ème siècle de notre ère, dynastie Han), jusqu'à nos dictionnaires modernes.

1. L'utilisation du terme « radical » a été réfutée par certains lettrés à cause de son ambiguïté. Le professeur Creel, de l'université de Chicago, figure occidentale emblématique quant à l'analyse du chinois, critique ainsi le terme « radical » et lui préfère celui de « clef ».

Un radical peut se présenter seul, par exemple, 人 une personne (caractère #5 « 人 » page 10). Dans une combinaison, on le trouve habituellement du côté gauche, comme dans 休 se reposer (caractère #31 « 休 » page 34). Parfois pourtant, on a un radical en haut, ou en bas, ou alors à droite (très rarement).

住	相	休	森	和
Caractère #25	Caractère #34	Caractère #31	Caractère #30	Caractère #48
La partie grisée de chaque caractère en montre le radical				

Le dictionnaire Kang Xi (18ème siècle) identifie comme radicaux un total de 214 caractères. De tels radicaux, lorsqu'ils sont utilisés dans une combinaison, donnent habituellement une indication sur le sens du caractère. Aussi, ils peuvent s'avérer une aide précieuse pour la mémoire. L'un des radicaux les plus fréquents est familièrement nommé « Trois-gouttes-d'eau », ou 氵. « Trois-gouttes-d'eau » est une forme sténographique du caractère « eau » 水. Si vous repérez « Trois-gouttes-d'eau » à la gauche d'un caractère, vous pouvez être sûrs que ce caractère se réfère à un élément liquide. Les caractères pour « mer » 海, « lac » 湖, « fleuve » 河, « huile » 油, et « alcool » 酒, utilisent tous « Trois-gouttes-d'eau » comme radical. Le dictionnaire Kang Xi énumère un total de 47035 caractères répartis selon les 214 radicaux qu'il identifie. Il existe sept radicaux qui entrent dans la composition de plus de 1 000 caractères chacun :

艹	氵	木	扌	口
Herbe 1,902	Eau 1,595	Arbre 1,369	Main 1,203	Bouche 1,146

忄	虫	
Cœur 1,115	Insecte 1,067	
Les sept radicaux qui entrent dans la composition de plus de 1 000 caractères chacun		

D'habitude, les radicaux suivants évoquent un ensemble de caractéristiques communes :

- Le radical « Herbe » 艹 signifie probablement que le caractère relève du champ lexical des plantes ou des fleurs. Ainsi, le caractère pour 花 fleur comporte l'indication phonétique 化 sous le radical 艹
- Le radical « Arbre » 木 (caractère #28 « 木 » page 34) implique sans doute que le caractère se réfère à du bois, une construction, voire une machine.
- Le radical « Feu » 火 signifie habituellement que le caractère concerne le feu ou la chaleur.
- Le radical « Femme » 女 (caractère #53 « 女 » page 47), indique sans surprise que le caractère se réfère à quelque chose de féminin ou femelle.

Malchance pour l'étudiant, toutes les combinaisons n'incluent pas un élément de radical qui donnerait une précieuse indication de champ lexical ; mais heureusement tout de même, beaucoup apportent cette aide.

EXEMPLE DE RADICAUX COURANTS

Le tableau ci-dessous contient une liste de radicaux usuels, avec leur signification et quelques caractères qu'ils composent. Pour la liste complète des radicaux, reportez-vous à la « Liste des 214 radicaux Kangxi » page 161.

#	RADICAL	SIGNIFICATION	EXEMPLES DE CARACTERES
1	人 (亻)	Homme, humain	今 从 (仁 休 位)

#	RADICAL	SIGNIFICATION	EXEMPLES DE CARACTERES
2	冫	Glace	冶 冷 冻
3	刀 (刂)	Couteau, épée	刀 切
4	口	Bouche, ouverture	口 可 君 否
5	囗	Clôture	四 回 因
6	土	Terre	土 在 地 城
7	女	Femme, femelle, féminin	女 好 妻 姓
8	彳	Pas (marche)	役 彼 得
9	心 (忄 ⺗)	Coeur	想 (忙 情 性)
10	手 (扌 龵)	Main	手 拿 (打 抱)
11	日	Soleil, jour	日 明 映 晚
12	月	Lune, mois, viande	有 服 胀 肺
13	木	Arbre	木 相 森 林
14	水 (氵 氺)	Eau	水 永 (泳 治)
15	火 (灬)	Feu	火 灯 (点 照)
16	疒	Maladie	病 症 痛 癌
17	目	Oeil	目 省 眠 眼
18	肉	Viande	胬
19	虫	Insecte	蚯 蚓
20	讠	Parole, discours	讲 设 评 试
21	阝	Ville, mur (-aille)	那 邦
22	食 (饣)	Manger, nourriture	餐 (饭 饮)

Table 2 : Exemple de radicaux communs

LEÇON 2 : TEST 1

D'après le tableau « Liste des caractères chinois #1 à #27 » page 10, reproduisez le radical de chaque caractère et choisissez-en la définition adéquate. Reportez-vous à « Réponses du test 1 » page 171 pour vérification.

#	RADICAL	SIGNIFICATION	EXEMPLE
1		☐ Nourriture ☐ Homme	从
2		☐ Main ☐ Insecte	打
3		☐ Lune ☐ Soleil	明
4		☐ Viande ☐ Table	肺
5		☐ Bois ☐ Viande	相
6		☐ Glace ☐ Eau	泳
7		☐ Lumière ☐ Feu	灯
8		☐ Maladie ☐ Récipient	病
9		☐ Œil ☐ Lune	眼
10		☐ Viande ☐ Flamme	脎
11		☐ Musique ☐ Insecte	蛇
12		☐ Fleur ☐ Glace	冰
13		☐ Parole ☐ Voyage	讲
14		☐ Couteau ☐ Toit	召
15		☐ Bouche ☐ Maison	否

LE CHINOIS PRATIQUE

D'après le radical du caractère signalé, quel peut être le sujet de cet événement ?

D'après le radical du caractère signalé, de quoi cet hebdomadaire traite-t-il cette semaine ?

D'après le radical du caractère signalé, quel type de compétition a eu lieu ?

LEÇON 3

Définition	Trois, troisième, tiers, plusieurs, quelques
Evolution du caractère	
Ordre des traits	一 二 三
Proverbe chinois	三思而行

Dans cette leçon, nous étudierons brièvement l'évolution des caractères chinois et nous compléterons notre liste par quelques caractères supplémentaires.

ÉVOLUTION DES CARACTÈRES CHINOIS

La langue chinoise possède un système d'écriture très ancien. Il est étonnant d'ailleurs que ce système écrit ait relativement si peu varié au cours de ses 3500 années d'évolution, laquelle se divise en plusieurs étapes. Le tableau ci-dessous montre les changements à travers les âges des caractères « Poisson », « Nuage », « Lune » et « Homme ».

Nom Chinois	Nom Français	Mandarin	Evolution du caractère			
			« Poisson »	« Nuage »	« Lune »	« Homme »
甲骨文 1200-1050 BC	Os	Jiaguwen				
金文 770 BC-220 BC	Gravure sur bronze	Jinwen				
篆书 220 BC-220 AD	Sceau	Zhuanshu				
隶书 25-220 AD	Clerc	Lishu	魚	雲	月	人
楷书 173 AD	Standard	Kaishu	魚	雲	月	人
行书 87 AD	Courant	Xingshu	魚	雲	月	人
草书 206 BC-8 AD	Cursif	Caoshu	魚	雲	月	人

Tableau 3 : Evolution des caractères chinois

Nom Chinois	Nom Français	Mandarin	Evolution du caractère			
			« Poisson »	« Nuage »	« Lune »	« Homme »
简体字 1949 AD	Simplifié	Jiantizi	鱼	云	月	人

LISTE DES CARACTÈRES CHINOIS #28 À #52

Cette liste introduit des caractères chinois très usités, dont la plupart possèdent un sens propre. On peut aussi les utiliser comme radicaux, pour former des caractères plus complexes. Dès cette leçon, vous deviendrez capables d'identifier certains de ces caractères plus complexes, sans même les avoir étudiés. Et comme vous avez maintenant une petite idée des caractères anciens, nous vous les présenterons aussi, chaque fois que possible.

#	CARACTÈRE	FORME ANCIENNE	SENS	DESCRIPTION ET EXPLICATION
28	木		Bois / Arbre	Image d'une silhouette d'arbre ; Branches et tronc vertical
29	林		Forêt / Bois	Deux arbres (caractère #28) symbolisant une forêt
30	森		Fourrés / Forêt épaisse	Trois arbres (caractère #28) représentant arbres et buissons entremêlés, une forêt dense
31	休		Se reposer	Une personne (caractère #5) qui se repose contre ou sous un arbre (caractère #28)
32	本		Racines ou tiges de plantes / origine / source	Racine au pied d'un tronc d'arbre (caractère #28)
33	目		Œil / item / but	A l'origine, pictogramme d'un œil

#	CARACTÈRE	FORME ANCIENNE	SENS	DESCRIPTION ET EXPLICATION
34	相		Apparence / portrait / examiner	Un œil (caractère #33) qui regarde un arbre (caractère #28)
35	心		Cœur / esprit (pensée)	Un cœur humain avec valvules et artères
36	想		Penser / croire / vouloir / manquer de	Examiner (caractère #34) l'esprit (caractère #35) ; penser
37	日		Soleil / jour / jour du mois	Pictogramme du soleil
38	白		Blanc / vide / ennuyeux / morne / effacé / en vain	Soleil (caractère #37) avec trait court indiquant le tout début de son ascension
39	勺		Cuiller	Pictogramme d'une cuiller
40	的		De (possessif)	Aucune explication courte n'est possible, mais il faut connaître ce caractère
41	百		Cent / nombreux / toutes sortes de	Un (caractère #1) et blanc (caractère #38) suggérant un grand nombre
42	是		Est-sont-suis / verbe être / oui	Sous la lumière du jour (caractère #37)
43	早		Tôt / matin	Soleil (caractère #37) qui monte dans le ciel
44	昨		Hier	Jour (caractère #37) avec indication de passé

#	CARACTÈRE	FORME ANCIENNE	SENS	DESCRIPTION ET EXPLICATION
45	口		Bouche / entrée	Une bouche ; une ouverture telle un seuil de porte ou une entrée ; comme d'habitude, le cercle a été transformé en carré, dont le traçage est plus aisé pour une personne utilisant un pinceau
46	喝		Boire / crier (un ordre)	Une bouche caractère #45 avec 曷 phonétique (la phonétique sera étudiée plus loin)
47	禾		Millet / céréale / graine	Un grain de blé au sommet d'une plante
48	和		Et / ensemble / avec / somme (total) / union / paix / harmonie	Harmonie entre grain et bouche
49	香		Odorant / qui sent bon / savoureux ou appétissant	Millet 禾 (caractère #47) et doux 甘 (ici 日)
50	吃		Manger / absorber / endurer / aspirer	Une bouche (caractère #45) avec un pictogramme donnant l'impression qu'elle absorbe quelque chose
51	品		Article / marchandise / rang, rangée / caractère / disposition	Trois boîtes (caractère #45) représentant une pile de denrées commerciales ; peut être vu sur de nombreux panneaux commerciaux
52	回		Revenir / retourner / répondre	Deux formes concentriques symbolisant un voyage aller-retour

Tableau 4 : Liste des caractères chinois 28 à 52

LEÇON 3 :ORDRE DES TRAITS ET PRATIQUE

Le tableau ci-dessous montre l'ordre et la direction des traits pour chacun des caractères présentés dans cette leçon. A vous de jouer maintenant (3P !)

木	一	十	木							
林	木	林								
森	木	林	森							
休	亻	休								
本	木	本								
目	冂	冃	月	目						
相	木	相								
心	丶	心	心							
想	相	想								
日	丨	冂	冃	日						
白	丿	白								
勺	丿	勹	勺							
的	白	的								
百	一	百								
是	日	旦	早	早	昰	是				
早	日	旦	早							

昨	日	日丿	日𠂉	昨	昨					
口	丨	冂	口							
喝	口	口日	喝	喝	喝					
禾	一	二	千	禾	禾					
和	禾	和								
香	禾	香								
吃	口	口丿	口𠂉	吃						
品	口	口口	品							
回	冂	冋	回							

LEÇON 3 : TEST 1

Dans le tableau ci-dessous, et sans regarder ce que nous venons juste d'étudier, tracez chacun des caractères chinois d'après sa signification.

#	CARACTÈRE	SIGNIFICATION	DESCRIPTION ET EXPLICATION
28		Bois / Arbre	Image d'une silhouette d'arbre ; Branches et tronc vertical
29		Forêt / Bois	Deux arbres (caractère #28) symbolisant une forêt
30		Fourrés / Forêt épaisse	Trois arbres (caractère #28) représentant arbres et buissons entremêlés, une forêt dense

#	CARACTÈRE	SIGNIFICATION	DESCRIPTION ET EXPLICATION
31		Se reposer	Une personne (caractère #5) qui se repose contre ou sous un arbre (caractère #28)
32		Racines ou tiges de plantes / origine / source	Racine au pied d'un tronc d'arbre (caractère #28)
33		Œil / item / but	A l'origine, pictogramme d'un œil
34		Apparence / portrait / examiner	Un œil (caractère #33) qui regarde un arbre (caractère #28)
35		Cœur / esprit (pensée)	Un cœur humain avec valvules et artères
36		Penser / croire / vouloir / manquer de	Examiner (caractère #34) l'esprit (caractère #35) ; penser
37		Soleil / jour / jour du mois	Pictogramme du soleil
38		Blanc / vide / ennuyeux / morne / effacé / en vain	Soleil (caractère #37) avec trait court indiquant le tout début de son ascension
39		Cuiller	Pictogramme d'une cuiller

#	CARACTÈRE	SIGNIFICATION	DESCRIPTION ET EXPLICATION
40		De (possessif)	Aucune explication courte n'est possible, mais il faut connaître ce caractère
41		Cent / nombreux / toutes sortes de	Un (caractère #1) et blanc (caractère #38) suggérant un grand nombre
42		Est-sont-suis / verbe être / oui	Sous la lumière du jour (caractère #37)
43		Tôt / matin	Soleil (caractère #37) qui monte dans le ciel
44		Hier	Jour (caractère #37) avec indication de passé
45		Bouche / entrée	Une bouche ; une ouverture telle un seuil de porte ou une entrée ; comme d'habitude, le cercle a été transformé en carré, dont le traçage est plus aisé pour une personne utilisant un pinceau
46		Boire / crier (un ordre)	Une bouche caractère #45 avec 曷 phonétique (la phonétique sera étudiée plus loin)
47		Millet / céréale / graine	Un grain de blé au sommet d'une plante
48		Et / ensemble / avec / somme (total) / union / paix / harmonie	Harmonie entre grain et bouche

#	CARACTÈRE	SIGNIFICATION	DESCRIPTION ET EXPLICATION
49		Odorant / qui sent bon / savoureux ou appétissant	Millet 禾 (caractère #47) et doux 甘 (ici 日)
50		Manger / absorber / endurer / aspirer	Une bouche c45 avec un pictogramme donnant l'impression qu'elle absorbe quelque chose
51		Article / marchandise / rang, rangée / caractère / disposition	Trois boîtes (caractère #45) représentant une pile de denrées commerciales ; peut être vu sur de nombreux panneaux commerciaux
52		Revenir / retourner / répondre	Deux formes concentriques symbolisant un voyage aller-retour

LEÇON 3 : TEST 2

Dans le tableau ci-dessous et sans regarder ce que nous venons juste d'étudier, transcrivez la signification de chaque caractère.

#	CARACTÈRE	SIGNIFICATION	DESCRIPTION ET EXPLICATION
28	木		Image d'une silhouette d'arbre ; Branches et tronc vertical
29	林		Deux arbres (caractère #28) symbolisant une forêt
30	森		Trois arbres (caractère #28) représentant arbres et buissons entremêlés, une forêt dense

#	CARACTÈRE	SIGNIFICATION	DESCRIPTION ET EXPLICATION
31	休		Une personne (caractère #5) qui se repose contre ou sous un arbre (caractère #28)
32	本		Racine au pied d'un tronc d'arbre (caractère #28)
33	目		A l'origine, pictogramme d'un œil
34	相		Un œil (caractère #33) qui regarde un arbre (caractère #28)
35	心		Un cœur humain avec valvules et artères
36	想		Examiner (caractère #34) l'esprit (caractère #35) ; penser
37	日		Pictogramme du soleil
38	白		Soleil (caractère #37) avec trait court indiquant le tout début de son ascension
39	勺		Pictogramme d'une cuiller
40	的		Aucune explication courte n'est possible, mais il faut connaître ce caractère
41	百		Un (caractère #1) et blanc (caractère #38) suggérant un grand nombre
42	是		Sous la lumière du jour (caractère #37)

#	CARACTÈRE	SIGNIFICATION	DESCRIPTION ET EXPLICATION
43	早		Soleil (caractère #37) qui monte dans le ciel
44	昨		Jour (caractère #37) avec indication de passé
45	口		Une bouche ; une ouverture telle un seuil de porte ou une entrée ; comme d'habitude, le cercle a été transformé en carré, dont le traçage est plus aisé pour une personne utilisant un pinceau
46	喝		Une bouche caractère #45 avec 曷 phonétique (la phonétique sera étudiée plus loin)
47	禾		Un grain de blé au sommet d'une plante
48	和		Harmonie entre grain et bouche
49	香		Millet 禾 (caractère #47) et doux 甘 (ici 日)
50	吃		Une bouche caractère #45 avec un pictogramme donnant l'impression qu'elle absorbe quelque chose
51	品		Trois boîtes (caractère #45) représentant une pile de denrées commerciales ; peut être vu sur de nombreux panneaux commerciaux
52	回		Deux formes concentriques symbolisant un voyage aller-retour

LE CHINOIS PRATIQUE

D'après le caractère signalé, quel est le charme principal de ce village : son paysage, son ciel bleu, ou ses odeurs ?

D'après les deux caractères signalés, cet endroit est-il une boutique de parfums, un petit restaurant, ou un cinéma ?

体验"国产森林人"
陆风X8质量做工评测

D'après les 3 caractères signalés, de quel type de véhicule peut-il s'agir : berline de luxe, 4x4, ou voiture de sport ?

LEÇON 4

Définition	Quatre
Evolution du caractère	
Ordre des traits	
Proverbe chinois	四海为家

CHINOIS TRADITIONNEL ET CHINOIS SIMPLIFIÉ

De nos jours, le chinois écrit se divise en deux formes attestées, appelées 简体字 jiǎntǐzì (chinois simplifié) et 繁体字 fántǐzì (chinois traditionnel). Le chinois simplifié s'est développé en Chine continentale pour accélérer le traçage des caractères (dont certains comportaient jusqu'à plusieurs douzaines de traits !) et pour en faciliter la mémorisation.

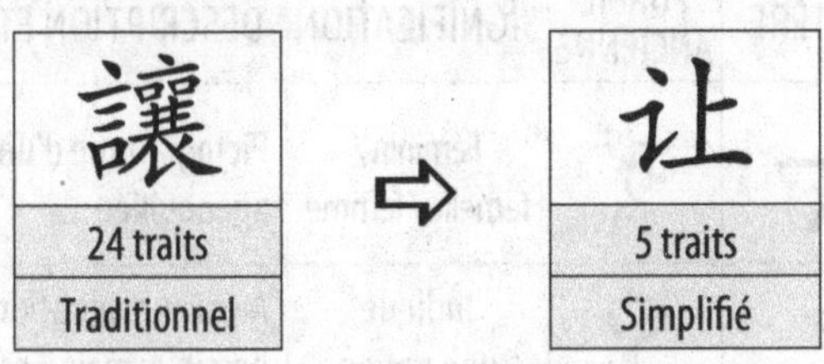

Les formes simplifiées nécessitent donc par définition moins de traits que les formes traditionnelles. Par exemple, le caractère 讓 « permet » illustré ci-dessus, est simplifié en 让, dans lequel l'élément phonétique (à droite) est réduit de 17 traits à seulement 3. (Le radical « parole », à gauche, est aussi simplifié.)

Toutefois, cet élément phonétique continue à être utilisé dans sa forme complète, même en chinois simplifié, dans des caractères tels que 壤 « sol / terre » et 齉 « renifler », car la contraction de l'élément phonétique dans ces caractères relativement rares n'aurait représenté qu'une réduction négligeable du nombre de traits.

D'autre part, certaines formes simplifiées sont juste des abréviations calligraphiques usitées depuis très longtemps, telle par exemple 万 « dix mille », dont la forme traditionnelle est 萬.

Le chinois simplifié est l'écriture utilisée en République Populaire Chinoise, Singapour et Malaisie, alors que l'on écrit en chinois traditionnel à Hong-Kong, Taiwan, Macao et dans les communautés chinoises d'outre-mer (excepté Singapour et Malaisie).

LISTE DES CARACTÈRES CHINOIS #53 À #76

Cette liste introduit des caractères chinois très usités, dont la plupart possèdent leur signification propre. Ils peuvent aussi s'utiliser comme radicaux et entrer dans la composition de caractères plus complexes. Après cette leçon, vous serez en mesure d'identifier certains de ces caractères complexes, même si vous ne les avez pas encore étudiés.

#	CARACTÈRE	FORME ANCIENNE	SIGNIFICATION	DESCRIPTION ET EXPLICATION
53	女		Féminin / femelle / femme	Pictogramme d'une femme agenouillée
54	了		Indique une notion temporelle	Aucune explication courte n'est possible, mais il est important de connaître ce caractère
55	子		Fils / enfant / semence / petite chose	Enfant emmailloté
56	好		Bon / bien / adapté / bon pour	Femme (caractère #53) avec bébé (caractère #55), suggérant le bien et le bon
57	安		Satisfait / calme / tranquille / sécurité / en sûreté	Femme (caractère #53) sous un toit, suggérant la paix
58	字		Lettre / symbole / caractère	L'écrit est traditionnellement traité avec révérence ; ici, il est symbolisé par un bébé (caractère #55) sous un toit
59	家		Maison / famille / classificateur pour familles ou entreprises	Un toit avec des cochons, suggérant le foyer familial

#	CARACTÈRE	FORME ANCIENNE	SIGNIFICATION	DESCRIPTION ET EXPLICATION
60	妈		Mère	Femme (caractère #53) avec 马 (caractère #163) phonétique (la phonétique sera étudiée plus tard) (t : 媽)
61	吗		Utilisé comme point d'interrogation	Bouche (caractère #45) avec 马 (caractère #163), phonétique (la phonétique sera étudiée plus tard) (t : 嗎)
62	骂		Réprimander / maltraiter	Deux bouches (caractère #45) avec 马 (caractère #163), phonétique (la phonétique sera étudiée plus tard) suggérant des cris (t : 罵)
63	石		Roc / rocher / pierre	Un bloc de pierre tiré d'une paroi rocheuse, comme dans une carrière
64	码		Nombre / code / poids	Une pierre (caractère #63) avec 马 (caractère #163), phonétique (la phonétique sera étudiée plus tard) (t : 碼)
65	田		Champ / ferme	Terre divisée en parcelles
66	力		Force / potentiel / (le) pouvoir / puissance	Pictogramme suggérant la force (t : 辦)
67	办		Faire / diriger / prendre en charge	Utilisation de la force (caractère #66) pour produire quelque chose (d'où les deux points)
68	为		Parce que / car / comme / à cause de	(t : 為) Aucune explication courte n'est possible, mais il est important de connaître ce caractère
69	男		Mâle	Champ (caractère #65) et force (caractère #66), suggérant le travail des hommes
70	果		Fruit	Fruits au sommet d'un arbre 木 (caractère #28)

#	CARACTÈRE	FORME ANCIENNE	SIGNIFICATION	DESCRIPTION ET EXPLICATION
71	门	門	Porte / portail / entrée	Pictogramme d'une porte double (t : 門)
72	们	們	Marqueur pluriel des pronoms	Personne avec 门 (caractère #71) phonétique (la phonétique sera étudiée plus loin), suggérant le pluriel (t : 們)
73	问	問	Demander / poser une question	Une bouche (caractère #45) devant la porte (caractère #71) posant une question (t : 問)
74	间	間	Entre (au milieu de) / parmi / espace	Rayon de lumière qui passe par la porte (caractère #71) (t : 間)
75	买	買	Acheter	A l'origine, un filet / sac contenant de l'argent pour faire des achats (t : 買)
76	卖	賣	Vendre / trahir / ne pas ménager ses efforts	Achat (caractère #75) sortant, donc vente (t : 賣)

Tableau 5 : Liste des caractères chinois 53 à 76

LEÇON 4 : ORDRE DES TRAITS ET PRATIQUE

Le tableau ci-dessous montre l'ordre et la direction des traits pour chacun des caractères introduits dans cette leçon. A vous de jouer maintenant !

女	女	く	女							
了	㇇	了								
子	了	子								
好	女	好								
安	丶	丷	宀	安						

字	宀	字								
家	宀	宀	宀	家	家	家	家			
妈	女	女	妈	妈						
吗	口	吗								
骂	口	吅	骂							
石	一	丆	石							
码	石	码								
田	冂	田	田							
力	㇆	力								
办	力	办	办							
为	丶	丿	为	为						
男	田	男								
果	日	果								
门	丨	门	门							
们	亻	们								
问	门	问								
间	门	间								
买	乛	买	买	买						
卖	十	卖								

LEÇON 4 : TEST 1

Dans le tableau ci-dessous, et sans regarder ce que nous venons juste d'étudier, tracez chaque caractère chinois selon sa signification.

#	CARACTÈRE	SIGNIFICATION	DESCRIPTION ET EXPLICATION
53		Féminin / femelle / femme	Pictogramme d'une femme agenouillée
54		Indique une notion temporelle	Aucune explication courte n'est possible, mais il est important de connaître ce caractère
55		Fils / enfant / semence / petite chose	Enfant emmailloté
56		Bon / bien / adapté / bon pour	Femme (caractère #53) avec bébé (caractère #55), suggérant le bien et le bon
57		Satisfait / calme / tranquille / sécurité / en sûreté	Femme (caractère #53) sous un toit, suggérant la paix
58		Lettre / symbole / caractère	L'écrit est traditionnellement traité avec révérence ; ici, il est symbolisé par un bébé (caractère #55) sous un toit
59		Maison / famille / classificateur pour familles ou entreprises	Un toit avec des cochons, suggérant le foyer familial
60		Mère	Femme (caractère #53) avec 马 (caractère #163) phonétique (la phonétique sera étudiée plus tard) (t : 媽)

#	CARACTÈRE	SIGNIFICATION	DESCRIPTION ET EXPLICATION
61		Utilisé comme point d'interrogation	Bouche (caractère #45) avec 马 (caractère #163), phonétique (la phonétique sera étudiée plus tard) (t : 嗎)
62		Réprimander / maltraiter	Deux bouches (caractère #45) avec 马 (caractère #163), phonétique (la phonétique sera étudiée plus tard) suggérant des cris (t : 罵)
63		Roc / rocher / pierre	Un bloc de pierre tiré d'une paroi rocheuse, comme dans une carrière
64		Nombre / code / poids	Une pierre (caractère #63) avec 马 (caractère #163), phonétique (la phonétique sera étudiée plus tard) (t : 碼)
65		Champ / ferme	Terre divisée en parcelles
66		Force / potentiel / (le) pouvoir / puissance	Pictogramme suggérant la force (t : 辦)
67		Faire / diriger / prendre en charge	Utilisation de la force (caractère #66) pour produire quelque chose (d'où les deux points)
68		Parce que / car / comme / à cause de	(t : 為) Aucune explication courte n'est possible, mais il est important de connaître ce caractère

#	CARACTÈRE	SIGNIFICATION	DESCRIPTION ET EXPLICATION
69		Mâle	Champ (caractère #65) et force (caractère #66), suggérant le travail des hommes
70		Fruit	Fruits au sommet d'un arbre 木 (caractère #28)
71		Porte / portail / entrée	Pictogramme d'une porte double (t : 門)
72		Marqueur pluriel des pronoms	Personne avec 门 (caractère #71) phonétique (la phonétique sera étudiée plus loin), suggérant le pluriel (t : 們)
73		Demander / poser une question	Une bouche (caractère #45) devant la porte (caractère #71) posant une question (t : 問)
74		Entre (au milieu de) / parmi / espace	Rayon de lumière qui passe par la porte (caractère #71) (t : 間)
75		Acheter	A l'origine, un filet / sac contenant de l'argent pour faire des achats (t : 買)
76		Vendre / trahir / ne pas ménager ses efforts	Achat (caractère #75) sortant, donc vente (t : 賣)

LEÇON 4 : TEST 2

Dans le tableau ci-dessous, et sans regarder ce que nous venons juste d'étudier, transcrivez la signification de chaque caractère chinois.

#	CARACTÈRE	SIGNIFICATION	DESCRIPTION ET EXPLICATION
53	女		Pictogramme d'une femme agenouillée
54	了		Aucune explication courte n'est possible, mais il est important de connaître ce caractère
55	子		Enfant emmailloté
56	好		Femme (caractère #53) avec bébé (caractère #55), suggérant le bien et le bon
57	安		Femme (caractère #53) sous un toit, suggérant la paix
58	字		L'écrit est traditionnellement traité avec révérence ; ici, il est symbolisé par un bébé (caractère #55) sous un toit
59	家		Un toit avec des cochons, suggérant le foyer familial
60	妈		Femme (caractère #53) avec 马 (caractère #163) phonétique (la phonétique sera étudiée plus tard) (t : 媽)

#	CARACTÈRE	SIGNIFICATION	DESCRIPTION ET EXPLICATION
61	吗		Bouche (caractère #45) avec 马 (caractère #163), phonétique (la phonétique sera étudiée plus tard) (t : 嗎)
62	骂		Deux bouches (caractère #45) avec 马 (caractère #163), phonétique (la phonétique sera étudiée plus tard) suggérant des cris (t : 罵)
63	石		Un bloc de pierre tiré d'une paroi rocheuse, comme dans une carrière
64	码		Une pierre (caractère #63) avec 马 (caractère #163), phonétique (la phonétique sera étudiée plus tard) (t : 碼)
65	田		Terre divisée en parcelles
66	力		Pictogramme suggérant la force (t : 辦)
67	办		Utilisation de la force (caractère #66) pour produire quelque chose (d'où les deux points)
68	为		(t : 為) Aucune explication courte n'est possible, mais il est important de connaître ce caractère
69	男		Champ (caractère #65) et force (caractère #66), suggérant le travail des hommes
70	果		Fruits au sommet d'un arbre 木 (caractère #28)
71	门		Pictogramme d'une porte double (t : 門)

#	CARACTÈRE	SIGNIFICATION	DESCRIPTION ET EXPLICATION
72	们		Personne avec 门 (caractère #71) phonétique (la phonétique sera étudiée plus loin), suggérant le pluriel (t : 們)
73	问		Une bouche (caractère #45) devant la porte (caractère #71) posant une question (t : 問)
74	间		Rayon de lumière qui passe par la porte (caractère #71) (t : 間)
75	买		A l'origine, un filet / sac contenant de l'argent pour faire des achats (t : 買)
76	卖		Achat (caractère #75) sortant, donc vente (t : 賣)

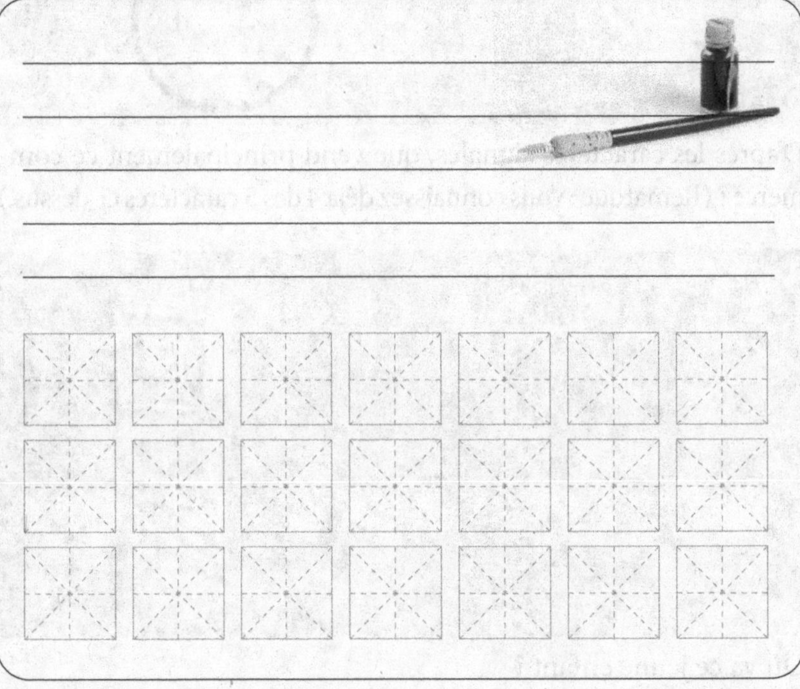

LE CHINOIS PRATIQUE

De quel côté devez-vous aller ?

D’après les caractères signalés, que vend principalement ce commerce ? (Remarque : vous connaissez déjà 4 des 5 caractères ci-dessus.)

Où va ce jeune enfant ?

LEÇON 5

Définition	Cinq						
Evolution du caractère				五			
Ordre des traits	一	丅	[illegible]	五			
Proverbe chinois	五湖四海						

COMMENT RECHERCHER DES SINOGRAMMES DANS UN DICTIONNAIRE CHINOIS

À PARTIR DES RADICAUX

Depuis l'origine, la plupart des dictionnaires chinois sont organisés selon l'aspect visuel de certains éléments des caractères. Ces éléments se nomment « radicaux ». Cette approche visuelle est très logique, la plupart des caractères chinois n'étant pas phonétiques (on ne peut pas dire comment ils se prononcent, simplement en les voyant). Sous chaque caractère, les dictionnaires donnent des listes de composés et de phrases qui commencent par ce caractère. Par exemple, le mot chinois pour Chine est Zhongguo 中国, et il apparaît sous le caractère zhong 中.

À PARTIR DU NOMBRE DE TRAITS

Beaucoup de dictionnaires (en particulier les dictionnaires spécialisés) indexent les caractères selon leur nombre de traits. Il suffit de compter le nombre de traits du caractère dont on veut connaître le sens, et de le rechercher sous ce nombre. Comme il existe beaucoup de caractères comportant de 5 à 13 traits, la liste est divisée en sous-sections selon la nature du premier trait tracé. Ainsi, il y a 5 sous-sections : 1er trait horizontal 一, vertical 丨, slash 丿, point 丶, ou encore 1er trait avec crochet 乛.

À PARTIR DE LA PRONONCIATION

Les corpus des dictionnaires de Chine continentale sont de plus en plus souvent organisés en fonction de la prononciation, telle qu'elle est définie dans le système pinyin (voyez « Dialectes, sons, transposition en caractères latins et emprunts pour raisons phonétiques » page 110). Si vous savez comment se prononce le caractère que vous recherchez (cette situation est courante quand le nouveau composé commence par un premier caractère familier), ce type de dictionnaire permet de le trouver bien plus rapidement.

LISTE DES CARACTÈRES CHINOIS #77 À #99

Nous n'avons pas encore présenté le son correspondant à chaque caractère, mais pour chacun de ceux qui sont introduits dans cette leçon, essayez déjà d'en trouver la définition dans un dictionnaire chinois qui utilise un index à radicaux ou un index à nombre de traits. Cette tâche vous familiarisera avec les radicaux et le comptage des traits, ce qui constitue un excellent exercice de mémorisation.

#	CARACTÈRE	FORME ANCIENNE	SIGNIFICATION	DESCRIPTION ET EXPLICATION
77	又		Encore (une fois) / aussi / à la fois « x » et « y » / à nouveau	Pictogramme suggérant un balancement d'avant en arrière ; représente aussi une main droite
78	双		Deux / double / paire / tous deux	Deux 又 (caractère #77), suggérant le doublement (t : 雙)
79	友		Ami / amical	Deux mains droites (modifiées) qui travaillent ensemble, suggérant l'amitié
80	没		(Préfixe négatif pour les verbes) / ne pas avoir / ne... pas	Aucune explication courte n'est possible, mais il est important de connaître ce caractère (t : 沒)
81	刀		Couteau	Une hachette (à manche très court), un hachoir
82	米		Riz	Deux grain (e) s au sommet d'un arbre 木 (caractère #28), une plante
83	来		Venir / arriver / s'approcher	Pictogramme d'un épi de blé (caractère #46) lourd, à maturité, suggérant « en train de venir » ou « arrivé » (à terme) (t : 來)
84	粉		Poudre / poussière / nouilles ou pâtes / rose (couleur)	Couteau (caractère #81) coupant des grains de riz (caractère #82), ce qui produit des particules

#	CARACTÈRE	FORME ANCIENNE	SIGNIFICATION	DESCRIPTION ET EXPLICATION
85	水		Eau / fleuve / rivière / liquide	Ruisseaux coulant ensemble
86	冰		Glace	Radical glace 冫 et eau 水 (caractère #85)
87	汁		Jus	Eau (caractère #85) avec 十 (caractère #4) phonétique (la phonétique sera abordée plus loin)
88	千		Kilo / mille	Dix 十 (caractère #4) fois la durée de vie d'une personne 人 (caractère #5)
89	开	開	Ouvrir / commencer / allumer / bouillir	Aucune explication courte n'est possible, mais il est important de connaître ce caractère (t : 開)
90	古		Ancien / vieux	Dix 十 (caractère #4) et des bouches 口 (caractère #45), suggérant 10 générations
91	舌		Langue	Une bouche (caractère #45) avec quelque chose qui en sort ; une langue
92	话		Langage / langue / mot	Radical langage 讠 et langue 舌 (caractère #91), suggérant des mots (t : 話)
93	活		Vivre / vivant / vif / travail	Radical eau 氵 avec 舌 (caractère #91) phonétique (la phonétique sera abordée plus loin), suggérant la vitalité
94	月		Mois / lune	Pictogramme d'un croissant de lune

#	CARACTÈRE	FORME ANCIENNE	SIGNIFICATION	DESCRIPTION ET EXPLICATION
95	朋		Ami	Deux lunes (caractère #94), suggérant l'amitié
96	明		Clair / brillant / comprendre	Soleil et lune ensemble, brillant doublement
97	有		Avoir / il y a / exister	Pictogramme d'une main (caractère #77) qui tient quelque chose
98	今		Aujourd'hui / moderne / présent / actuel	Pictogramme d'un ancien caractère suggérant l'union, maintenant, le présent
99	冷		Froid	Radical glace 冫 (voir caractère #86) avec 令 phonétique (la phonétique sera abordée plus loin)

Tableau 6 : Liste des caractères chinois 77 à 99

LEÇON 5 : ORDRE DES TRAITS ET PRATIQUE

Le tableau ci-dessous montre l'ordre et la direction des traits pour chacun des caractères introduits dans cette leçon. A vous de jouer maintenant !

又	フ	又								
双	又	双								
友	ナ	友								
没	丶	⺀	氵	氵丿	氵几	没				

刀	𠃌	刀								
米	丶	丷	䒑	半	米	米				
来	一	来								
粉	米	米丿	米八	粉						
水	亅	刁	氺	水						
冰	丶	冫	冰							
汁	氵	汁								
千	𠂉	千								
开	一	二	丌	开						
古	十	古								
舌	𠂉	舌								
话	丶	讠	话							
活	氵	活								
月	丿	⺆	月	月						
朋	月	朋								
明	日	明								
有	𠂇	有								
今	人	亽	今							
冷	冫	冷	冷							

LEÇON 5 : TEST 1

Dans le tableau ci-dessous, et sans regarder ce que nous venons juste d'étudier, tracez chaque caractère chinois selon sa signification.

#	CARACTÈRE	SIGNIFICATION	DESCRIPTION ET EXPLICATION
77		Encore (une fois) / aussi / à la fois « x » et « y » / à nouveau	Pictogramme suggérant un balancement d'avant en arrière ; représente aussi une main droite
78		Deux / double / paire / tous deux	Deux 又 (caractère #77), suggérant le doublement (t : 雙)
79		Ami / amical	Deux mains droites (modifiées) qui travaillent ensemble, suggérant l'amitié
80		(Préfixe négatif pour les verbes) / ne pas avoir / ne... pas	Aucune explication courte n'est possible, mais il est important de connaître ce caractère (t : 沒)
81		Couteau	Une hachette (à manche très court), un hachoir
82		Riz	Deux grain (e) s au sommet d'un arbre 木 (caractère #28), une plante
83		Venir / arriver / s'approcher	Pictogramme d'un épi de blé (caractère #46) lourd, à maturité, suggérant « en train de venir » ou « arrivé » (à terme) (t : 來)
84		Poudre / poussière / nouilles ou pâtes / rose (couleur)	Couteau (caractère #81) coupant des grains de riz (caractère #82), ce qui produit des particules

#	CARACTÈRE	SIGNIFICATION	DESCRIPTION ET EXPLICATION
85		Eau / fleuve / rivière / liquide	Ruisseaux coulant ensemble
86		Glace	Radical glace 冫 et eau 水 (caractère #85)
87		Jus	Eau (caractère #85) with 十 (caractère #4) phonétique (la phonétique sera abordée plus loin)
88		Kilo / mille	Dix 十 (caractère #4) fois la durée de vie d'une personne 人 (caractère #5)
89		Ouvrir / commencer / allumer / bouillir	Aucune explication courte n'est possible, mais il est important de connaître ce caractère (t : 開)
90		Ancien / vieux	Dix 十 (caractère #4) et des bouches 口 (caractère #45), suggérant 10 générations
91		Langue	Une bouche (caractère #45) avec quelque chose qui en sort ; une langue
92		Langage / langue / mot	Radical langage 讠 et langue 舌 (caractère #91), suggérant des mots (t : 話)

#	CARACTÈRE	SIGNIFICATION	DESCRIPTION ET EXPLICATION
93		Vivre / vivant / vif / travail	Radical eau 氵 avec 舌 (caractère #91) phonétique (la phonétique sera abordée plus loin), suggérant la vitalité
94		Mois / lune	Pictogramme d'un croissant de lune
95		Ami	Deux lunes (caractère #94), suggérant l'amitié
96		Clair / brillant / comprendre	Soleil et lune ensemble, brillant doublement
97		Avoir / il y a / exister	Pictogramme d'une main (caractère #77) qui tient quelque chose
98		Aujourd'hui / moderne / présent / actuel	Pictogramme d'un ancien caractère suggérant l'union, maintenant, le présent
99		Froid	Radical glace 冫 (voir caractère #86) avec 令 phonétique (la phonétique sera abordée plus loin)

LEÇON 5 : TEST 2

Dans le tableau ci-dessous, et sans regarder ce que nous venons juste d'étudier, transcrivez la signification de chaque caractère chinois.

#	CARACTÈRE	SIGNIFICATION	DESCRIPTION ET EXPLICATION
77	又		Pictogramme suggérant un balancement d'avant en arrière ; représente aussi une main droite
78	双		Deux 又 (caractère #77), suggérant le doublement (t : 雙)
79	友		Deux mains droites (modifiées) qui travaillent ensemble, suggérant l'amitié
80	没		Aucune explication courte n'est possible, mais il est important de connaître ce caractère (t : 沒)
81	刀		Une hachette (à manche très court), un hachoir
82	米		Deux grain (e) s au sommet d'un arbre 木 (caractère #28), une plante
83	来		Pictogramme d'un épi de blé (caractère #46) lourd, à maturité, suggérant « en train de venir » ou « arrivé » (à terme) (t : 來)
84	粉		Couteau (caractère #81) coupant des grains de riz (caractère #82), ce qui produit des particules
85	水		Ruisseaux coulant ensemble

#	CARACTÈRE	SIGNIFICATION	DESCRIPTION ET EXPLICATION
86	冰		Radical glace 冫 et eau 水 (caractère #85)
87	汁		Eau (caractère #85) with 十 (caractère #4) phonétique (la phonétique sera abordée plus loin)
88	千		Dix 十 (caractère #4) fois la durée de vie d'une personne 人 (caractère #5)
89	开		Aucune explication courte n'est possible, mais il est important de connaître ce caractère (t : 開)
90	古		Dix 十 (caractère #4) et des bouches 口 (caractère #45), suggérant 10 générations
91	舌		Une bouche (caractère #45) avec quelque chose qui en sort ; une langue
92	话		Radical langage 讠 et langue 舌 (caractère #91), suggérant des mots (t : 話)
93	活		Radical eau 氵 avec 舌 (caractère #91) phonétique (la phonétique sera abordée plus loin), suggérant la vitalité
94	月		Pictogramme d'un croissant de lune
95	朋		Deux lunes (caractère #94), suggérant l'amitié
96	明		Soleil et lune ensemble, brillant doublement

#	CARACTÈRE	SIGNIFICATION	DESCRIPTION ET EXPLICATION
97	有		Pictogramme d'une main (caractère #77) qui tient quelque chose
98	今		Pictogramme d'un ancien caractère suggérant l'union, maintenant, le présent
99	冷		Radical glace 冫 (voir caractère #86) avec 令 phonétique (la phonétique sera abordée plus loin)

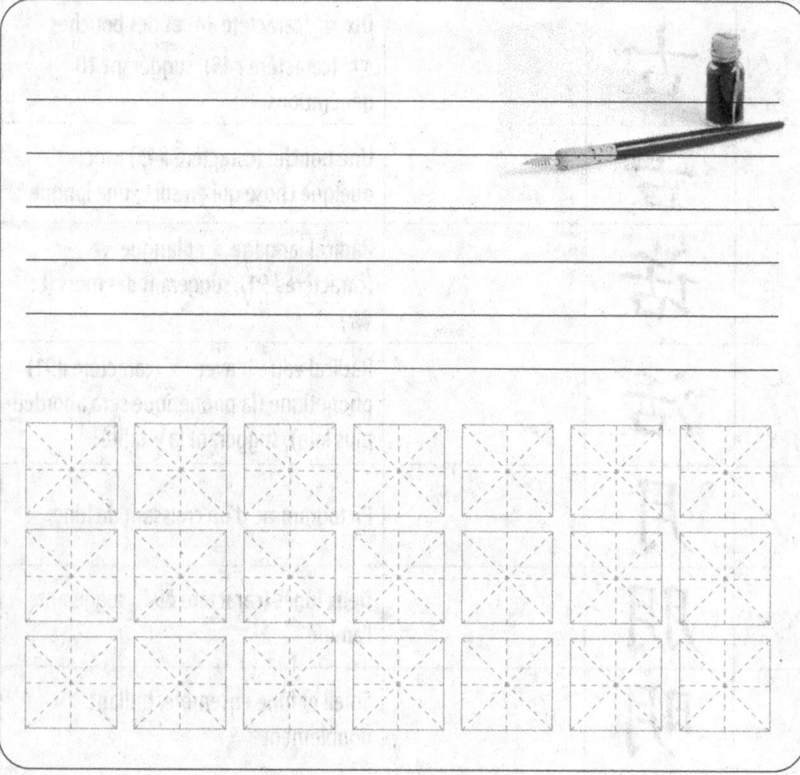

LE CHINOIS PRATIQUE

D'après les deux caractères signalés, quel message fait-on passer dans l'image ci-dessus ?

汇源果汁[01886.HK]财务数据

单位：（港元）	2008/12	2007/12	2006/12

Observez les deux caractères signalés, et dites quel produit ce rapport financier analyse ?

D'après les caractères signalés « 粉 », qu'est-ce que cet homme va très probablement faire ?

LEÇON 6

Définition	Six
Evolution du caractère	
Ordre des traits	丶 亠	六
Proverbe chinois	六六大顺

LES « CARACTÈRES » SONT-ILS DES « MOTS » ?

Le caractère représente l'unité la plus importante de la langue écrite pour les Chinois. Ils analysent d'ailleurs la plupart du temps leur langue en termes de caractères (字). En effet, les phrases consistent en chaînes ininterrompues de caractères monosyllabiques, dont chacun possède un sens propre. Pour cette raison, le chinois est considéré par beaucoup de gens comme une langue exclusivement composée de mots monosyllabiques. Mais si cette perception s'avère exacte pour la langue classique, la situation n'est pas aussi tranchée en chinois moderne.

Il y a beaucoup de mots monosyllabiques en chinois, exactement comme dans les autres langues.

En voici quelques exemples :

MOT	SIGNIFICATION	MOT	SIGNIFICATION
山	Montagne	狗	Chien
人	Personne	快	Rapide, vite
吃	Manger	看	Voir

Mais chaque caractère ne constitue pas pour autant un mot complet : il existe d'énormes quantités de mots construits avec plusieurs syllabes (deux syllabes en majorité.)

Et par définition, un mot monosémique à plusieurs syllabes ne peut se découper en éléments plus petits sans y perdre son sens. En voici quelques exemples :

MOT	SIGNIFICATION
葡萄	Raisin
玫瑰	Rose
玻璃	Verre

LISTE DES CARACTÈRES CHINOIS #100 À #130

Nous n'avons pas encore présenté le son correspondant à chaque caractère, mais pour chacun de ceux qui sont introduits dans cette leçon, essayez déjà d'en trouver la définition dans un dictionnaire chinois qui utilise un index à radicaux ou un index à nombre de traits. Cette tâche vous familiarisera avec les radicaux et le comptage des traits, ce qui constitue un excellent exercice de mémorisation.

#	CARACTÈRE	FORME ANCIENNE	SIGNIFICATION	DESCRIPTION ET EXPLICATION
100	户		Un ménage / une famille / une porte	Pictogramme d'un battant de porte représentant un ménage, une famille
101	万		Dix mille / un grand nombre	La forme traditionnelle est : 萬 ; la forme moderne n'a pas de relation directe avec la signification de sa forme originelle
102	方		Direction / carré / vertical / un côté / place / endroit	Pictogramme d'un homme qui montre une direction
103	房		Maison / pièce / chambre	Pictogramme d'une famille (caractère #100) et d'un endroit (caractère #102)
104	上		Vers le haut / en haut / au dessus	Symbole de quelque chose au dessus, ou qui indique le haut
105	下		Vers le bas / en bas / en dessous	L'inverse du caractère #104 ; en dessous
106	卡		Carte / s'arrêter / bloquer	Pictogramme d'un dispositif visant à empêcher quelque chose de monter (caractère #104) ou de descendre (caractère #105), représentant une carte

#	CARACTÈRE	FORME ANCIENNE	SIGNIFICATION	DESCRIPTION ET EXPLICATION
107	直		Droit / vertical / direct / franc / redresser	Dix (caractère #4), yeux (caractère #33) regardant quelque chose, et suggérant une manière directe, franche
108	具		Outil / habileté / capacité / posséder	Pictogramme représentant un outil
109	真		Réellement / vraiment / en vérité / réel / vrai / véritable	Le pictogramme ancien suggère la réelle nature, la vérité de quelque chose qui aurait été dévoilé, révélé
110	寸		Une unité de longueur / pouce	Pictogramme d'une main avec un outil, symbolisant une mesure ou une unité
111	对		Correct / juste / paire / être opposé / « x » contre « y » / vertical	Main (caractère #77) et mesure (caractère #110), suggérant exactitude (t : 對)
112	过		Traduit un vécu, une expérience / traverser / surmonter / passer (temps)	Radical de mouvement 辶 et mesure (caractère #110), suggérant l'écoulement du temps (t : 過)
113	时		Heure pile / heure / quand / période / du temps	Jour du mois (caractère #37) et mesure (caractère #110), suggérant une précision temporelle (t : 時)
114	村		Village	Bois (caractère #28) avec 寸 phonétique (la phonétique sera abordée plus loin)
115	树		Arbre	Bois (caractère #28) et vertical (caractère #111) (t : 樹)
116	贝		Coquillage / argent (monnaie)	Pictogramme d'une coquille (t : 貝)

#	CARACTÈRE	FORME ANCIENNE	SIGNIFICATION	DESCRIPTION ET EXPLICATION
117	见		Voir / rencontrer / apparaître	Un œil 目 (caractère #33) au dessus d'une personne 儿 ; (t : 見)
118	贵		Cher / onéreux / noble	Pictogramme d'un panier plein d'argent (coquillages) (t : 貴)
119	现		Apparaître / se montrer / (être) présent / exister / actuel	Jade 玉 qui peut être vu (caractère #117) (t : 現)
120	立		Debout / érigé / dressé	Personne debout sur le sol
121	产		Donner naissance / (se) reproduire / produire / (un) produit	La forme traditionnelle 產 suggérant la naissance avec 厂 phonétique (la phonétique sera traitée ultérieurement)
122	位		Position / endroit / place / siège	Une personne (caractère #5) debout à un endroit déterminé (caractère #120)
123	站		Position / être là / faire halte / s'arrêter	Etre debout avec 占 (caractère #17) phonétique (la phonétique sera étudiée plus tard)
124	小		Petit / minuscule / quelques / jeune	Un objet cassé en deux petits morceaux
125	少		Peu / rare / pénurie / jeune	Soustraction supplémentaire à quelque chose déjà petit (caractère #124)
126	尖		Pointe (d'aiguille) / pointu / aigu / aiguisé	Petit 小 (caractère #124) et grand 大 (caractère #7)
127	夕		Crépuscule / soir	Pictogramme d'un croissant de lune

#	CARACTÈRE	FORME ANCIENNE	SIGNIFICATION	DESCRIPTION ET EXPLICATION
128	多		Beaucoup / des quantités / des tas	Beaucoup de lunes (caractère #127)
129	名	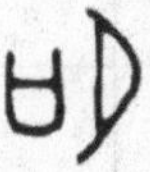	Nom (propre) / nom commun / célèbre / connu	S'identifie dans le noir (crépuscule, caractère #127), en disant son nom
130	句		Phrase / expression / locution	Pictogramme suggérant des mots qui sortent d'une bouche 口 (caractère #45) et qui forment une phrase

Tableau 7 : Liste des caractères chinois 100 à 130

LEÇON 6 : ORDRE DES TRAITS ET PRATIQUE

Le tableau ci-dessous montre l'ordre et la direction des traits pour chacun des caractères introduits dans cette leçon. A vous de jouer maintenant !

户	丶	㇇	彐	户						
万	一	丆	万							
方	丶	方								
房	户	房								
上	丨	卜	上							
下	一	下	丅							
卡	上	卡	卡							
直	一	十	有	直						

具	目	具	具							
真	直	真	真							
寸	一	寸	寸							
对	又	对								
过	寸	寸	讨	过						
时	日	时								
村	木	村								
树	木	树								
贝	丨	冂	贝	贝						
见	贝	见								
贵	一	中	虫	贵						
现	王	现								
立	丶	亠	亠	立	立					
产	立	产								
位	亻	位								
站	立	站								
小	亅	小	小							
少	小	少								
尖	小	尖								
夕	丿	ク	夕							
多	夕	多								

名	夕	名								
句	勹	句								

LEÇON 6 : TEST 1

Dans le tableau ci-dessous, et sans regarder ce que nous venons juste d'étudier, tracez chaque caractère chinois selon sa signification.

#	CARACTÈRE	SIGNIFICATION	DESCRIPTION ET EXPLICATION
100		Un ménage / une famille / une porte	Pictogramme d'un battant de porte représentant un ménage, une famille
101		Dix mille / un grand nombre	La forme traditionnelle est : 萬 ; la forme moderne n'a pas de relation directe avec la signification de sa forme originelle
102		Direction / carré / vertical / un côté / place / endroit	Pictogramme d'un homme qui montre une direction
103		Maison / pièce / chambre	Pictogramme d'une famille (caractère #100) et d'un endroit (caractère #102)
104		Vers le haut / en haut / au dessus	Symbole de quelque chose au dessus, ou qui indique le haut
105		Vers le bas / en bas / en dessous	L'inverse du caractère #104 ; en dessous

#	CARACTÈRE	SIGNIFICATION	DESCRIPTION ET EXPLICATION
106		Carte / s'arrêter / bloquer	Pictogramme d'un dispositif visant à empêcher quelque chose de monter (caractère #104) ou de descendre (caractère #105), représentant une carte
107		Droit / vertical / direct / franc / redresser	Dix (caractère #4), yeux (caractère #33) regardant quelque chose, et suggérant une manière directe, franche
108		Outil / habileté / capacité / posséder	Pictogramme représentant un outil
109		Réellement / vraiment / en vérité / réel / vrai / véritable	Le pictogramme ancien suggère la réelle nature, la vérité de quelque chose qui aurait été dévoilé, révélé
110		Une unité de longueur / pouce	Pictogramme d'une main avec un outil, symbolisant une mesure ou une unité
111		Correct / juste / paire / être opposé / « x » contre « y » / vertical	Main (caractère #77) et mesure (caractère #110), suggérant exactitude (t : 對)
112		Traduit un vécu, une expérience / traverser / surmonter / passer (temps)	Radical de mouvement 辶 et mesure (caractère #110), suggérant l'écoulement du temps (t : 過)
113		Heure pile / heure / quand / période / du temps	Jour du mois (caractère #37) et mesure (caractère #110), suggérant une précision temporelle (t : 時)

#	CARACTÈRE	SIGNIFICATION	DESCRIPTION ET EXPLICATION
114		Village	Bois (caractère #28) avec 寸 phonétique (la phonétique sera abordée plus loin)
115		Arbre	Bois (caractère #28) et vertical (caractère #111) (t : 樹)
116		Coquillage / argent (monnaie)	Pictogramme d'une coquille (t : 貝)
117		Voir / rencontrer / apparaître	Un œil 目 (caractère #33) au dessus d'une personne 儿 ; (t : 見)
118		Cher / onéreux / noble	Pictogramme d'un panier plein d'argent (coquillages) (t : 貴)
119		Apparaître / se montrer / (être) présent / exister / actuel	Jade 玉 qui peut être vu (caractère #117) (t : 現)
120		Debout / érigé / dressé	Personne debout sur le sol
121		Donner naissance / (se) reproduire / produire / (un) produit	La forme traditionnelle 產 suggérant la naissance avec 厂 phonétique (la phonétique sera traitée ultérieurement)
122		Position / endroit / place / siège	Une personne (caractère #5) debout à un endroit déterminé (caractère #120)

#	CARACTÈRE	SIGNIFICATION	DESCRIPTION ET EXPLICATION
123		Position / être là / faire halte / s'arrêter	Etre debout avec 占 (caractère #17) phonétique (la phonétique sera étudiée plus tard)
124		Petit / minuscule / quelques / jeune	Un objet cassé en deux petits morceaux
125		Peu / rare / pénurie / jeune	Soustraction supplémentaire à quelque chose déjà petit (caractère #124)
126		Pointe (d'aiguille) / pointu / aigu / aiguisé	Petit 小 (caractère #124) et grand 大 (caractère #7)
127		Crépuscule / soir	Pictogramme d'un croissant de lune
128		Beaucoup / des quantités / des tas	Beaucoup de lunes (caractère #127)
129		Nom (propre) / nom commun / célèbre / connu	S'identifie dans le noir (crépuscule, caractère #127), en disant son nom
130		Phrase / expression / locution	Pictogramme suggérant des mots qui sortent d'une bouche c45 et qui forment une phrase

LEÇON 6 : TEST 2

Dans le tableau ci-dessous, et sans regarder ce que nous venons juste d'étudier, transcrivez la signification de chaque caractère chinois.

#	CARACTÈRE	SIGNIFICATION	DESCRIPTION ET EXPLICATION
100	户		Pictogramme d'un battant de porte représentant un ménage, une famille
101	万		La forme traditionnelle est : 萬 ; la forme moderne n'a pas de relation directe avec la signification de sa forme originelle
102	方		Pictogramme d'un homme qui montre une direction
103	房		Pictogramme d'une famille (caractère #100) et d'un endroit (caractère #102)
104	上		Symbole de quelque chose au dessus, ou qui indique le haut
105	下		L'inverse du caractère #104 ; en dessous
106	卡		Pictogramme d'un dispositif visant à empêcher quelque chose de monter (caractère #104) ou de descendre (caractère #105), représentant une carte
107	直		Dix (caractère #4), yeux (caractère #33) regardant quelque chose, et suggérant une manière directe, franche
108	具		Pictogramme représentant un outil

#	CARACTÈRE	SIGNIFICATION	DESCRIPTION ET EXPLICATION
109	真		Le pictogramme ancien suggère la réelle nature, la vérité de quelque chose qui aurait été dévoilé, révélé
110	寸		Pictogramme d'une main avec un outil, symbolisant une mesure ou une unité
111	对		Main (caractère #77) et mesure (caractère #110), suggérant exactitude (t : 對)
112	过		Radical de mouvement ⻌ et mesure (caractère #110), suggérant l'écoulement du temps (t : 過)
113	时		Jour du mois (caractère #37) et mesure (caractère #110), suggérant une précision temporelle (t : 時)
114	村		Bois (caractère #28) avec 寸 phonétique (la phonétique sera abordée plus loin)
115	树		Bois (caractère #28) et vertical (caractère #111) (t : 樹)
116	贝		Pictogramme d'une coquille (t : 貝)
117	见		Un œil 目 (caractère #33) au dessus d'une personne 儿 ; (t : 見)
118	贵		Pictogramme d'un panier plein d'argent (coquillages) (t : 貴)

#	CARACTÈRE	SIGNIFICATION	DESCRIPTION ET EXPLICATION
119	现		Jade 玉 qui peut être vu (caractère #117) (t : 現)
120	立		Personne debout sur le sol
121	产		La forme traditionnelle 產 suggérant la naissance avec 厂 phonétique (la phonétique sera traitée ultérieurement)
122	位		Une personne (caractère #5) debout à un endroit déterminé (caractère #120)
123	站		Etre debout avec 占 (caractère #17) phonétique (la phonétique sera étudiée plus tard)
124	小		Un objet cassé en deux petits morceaux
125	少		Soustraction supplémentaire à quelque chose déjà petit (caractère #124)
126	尖		Petit 小 (caractère #124) et grand 大 (caractère #7)
127	夕		Pictogramme d'un croissant de lune
128	多		Beaucoup de lunes (caractère #127)
129	名		S'identifie dans le noir (crépuscule, caractère #127), en disant son nom
130	句		Pictogramme suggérant des mots qui sortent d'une bouche c45 et qui forment une phrase

LE CHINOIS PRATIQUE

D'après les 2+1 caractères signalés, quel est le produit concerné par ces informations télévisées ?

银行卡数据 发行银行卡:20.8 亿张同比增 20.1%
发行信用卡:1.75 亿张同比增 33.3%

银行卡
坏账额
单位:亿元

70
60
50

49.7
57.73

Reportez-vous au caractère signalé quatre fois : quel est le produit concerné par ce rapport statistique ?

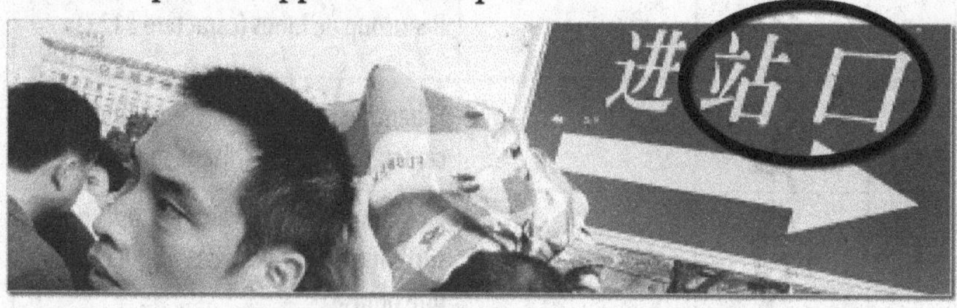

D'après les caractères signalés, où cette photographie a-t-elle été prise ?

LEÇON 7

Définition	Sept
Evolution du caractère	
Ordre des traits	一 七
Proverbe chinois	七零八落

EXPRESSIONS IDIOMATIQUES CHINOISES

Les chengyu 成语, ou littéralement « expressions consacrées », sont des locutions idiomatiques chinoises dont la plupart comportent quatre caractères. Les chengyu étaient surtout utilisés en chinois classique, mais ils sont restés communs dans le chinois écrit courant ou dans la langue parlée actuelle. Selon les définitions les plus strictes, il existe environ 5 000 chengyu en chinois, quoique certains dictionnaires en comptent plus de 20 000.

Les chengyu émanent presque tous de la littérature classique. Leur signification globale va en général bien plus loin que la somme des significations propres à chacun de leurs quatre caractères. En effet, les chengyu sont intimement liés au mythe, à la légende ou au fait historique qui leur ont donné naissance. Aussi, ils ne suivent pas la structure grammaticale et la syntaxe du chinois parlé moderne : ils sont au contraire extrêmement denses et riches de sens.

Les trois exemples suivants montrent que le sens de la locution peut être totalement modifié par substitution d'un seul caractère.

一 (yí) 日 (rì) 千 (qiān) 秋 (qiū) : *« Un jour, mille automnes »*
Sens profond : *fait référence à une évolution rapide : en un jour, autant de changements qu'en mille ans.*

一 (yí) 日 (rì) 千 (qiān) 里 (lǐ) : *« Un jour, mille milles »*
Sens profond : *évoque une progression rapide : un voyage de 1 000 milles dans la journée.*

一 (yí) 日 (rì) 三 (sān) 秋 (qiū) : *« Un jour, trois automnes »*
Sens profond : *quand quelqu'un nous manque beaucoup, un jour paraît aussi long que trois années.*

LISTE DES CARACTÈRES CHINOIS #131 À #156

La liste suivante est une sélection de caractères qu'il faut absolument connaître pour communiquer au quotidien. A la différence des caractères que nous avons déjà étudiés, certains de ceux-ci n'ont pas de corrélation évidente entre eux ; cependant, nous vous suggérons de les travailler très attentivement, car ils sont aussi importants que « je », « tu », « être », « avoir », ou autres outils linguistiques de base du français.

#	CARACTÈRE	FORME ANCIENNE	SIGNIFICATION	DESCRIPTION ET EXPLICATION
131	不		(Préfixe négatif) / non / ne... pas	Aucune explication rapide n'est possible, mais il est indispensable de connaître ce caractère
132	还		Encore / de plus / en outre	Aucune explication rapide n'est possible, mais il est indispensable de connaître ce caractère
133	看		Voir / regarder / visiter / cela dépend / penser	Main protégeant un œil pour mieux voir, regarder
134	会		Etre capable ou susceptible de / pouvoir / rencontrer	Aucune explication rapide n'est possible, mais il est indispensable de connaître ce caractère
135	我		Je / moi / mon, ma, mes	Pictogramme d'une main tenant une lance
136	你		Tu / toi	Une personne (caractère #5) avec 尔 phonétique (la phonétique sera étudiée plus tard)
137	也		Aussi / également	Aucune explication rapide n'est possible, mais il est indispensable de connaître ce caractère

#	CARACTÈRE	FORME ANCIENNE	SIGNIFICATION	DESCRIPTION ET EXPLICATION
138	地		Terre / terrain / sol / champ / -ement (suffixe adverbial)	Sol (caractère #13) avec 也 phonétique (la phonétique sera étudiée plus tard)
139	他		Il / lui	Une personne (caractère #5) avec 也 phonétique (la phonétique sera étudiée plus tard)
140	她		Elle / lui (féminin)	Une femme (caractère #53) avec 也 phonétique (la phonétique sera étudiée plus tard)
141	它		Il, elle (sujets neutres, utilisés pour animaux) / le, la, lui (compléments neutres)	Pictogramme d'un serpent
142	东		Est (point cardinal) / hôte / propriétaire	La version traditionnelle est 東 ; le soleil qui se lève derrière un arbre, donc à l'est
143	南		Sud	Pictogramme d'un ancien instrument de musique
144	西		Ouest	Pictogramme d'un oiseau qui se perche pour dormir, suggérant le crépuscule, donc l'ouest
145	北		Nord	Pictogramme représentant deux personnes dos à dos
146	要		Vouloir / volonté / être sur le point de / verbe devoir	Pictogramme représentant deux mains qui tiennent une femme, suggérant « vouloir / désirer »

#	CARACTÈRE	FORME ANCIENNE	SIGNIFICATION	DESCRIPTION ET EXPLICATION
147	前		Avant / devant / il y a (10 ans) / précédent / d'avant	Pictogramme qui traduit un mouvement vers l'avant, suggérant l'antériorité
148	后		Derrière / en arrière / après / plus tard	Une personne (caractère #5) penchée en avant pour crier (bouche, caractère #45) des ordres (t : 後)
149	左		(à) gauche	Main (caractère #77) qui aide au travail ; suggère une main gauche
150	右		(à) droite	Main (caractère #77) qui travaille, avec une bouche ; suggère une main droite
151	中		Centre / central / milieu	Une flèche qui transperce le centre d'une cible ; ici, 口 ne représente pas une bouche ou une frontière
152	很		Très / complètement / énormément	Pictogramme suggérant un mouvement rapide, avec 艮 phonétique (la phonétique sera étudiée plus tard)
153	春		Printemps	Le soleil fait germer les plantes
154	夏		L'été	Aucune explication rapide n'est possible, mais il est indispensable de connaître ce caractère
155	秋		Automne	La paille brûlée après la récolte du blé, en automne
156	冬		Hiver	Pictogramme représentant le froid 冫 (voir caractère #86) ; fin de l'année

Tableau 8 : Liste des caractères chinois 131 à 156

LEÇON 7 : ORDRE DES TRAITS ET PRATIQUE

Le tableau ci-dessous montre l'ordre et la direction des traits pour chacun des caractères introduits dans cette leçon. A vous de jouer maintenant !

不	一	丆	丆	不						
还	不	还								
看	一	二	三	龵	看					
会	人	亼	亽	会	会					
我	一	二	于	手	我	我	我			
你	亻	亻	伨	你						
也	𠃌	乜	也							
地	土	地								
他	亻	他								
她	女	她								
它	宀	宀	它							
东	一	𠂉	车	东	东					
南	十	冂	冂	冂	冂	南	南			
西	一	冂	丙	西	西					
北	丨	丨	丬	北	北					
要	覀	要								

前	丶	丷	䒑	肙	前	前			
后	一	厂	𠂆	后					
左	𠂇	𠂇	左	左					
右	𠂇	右							
中	口	中							
很	′	彳	彳	彳	彳	很	很		
春	三	夫	夫	春					
夏	百	頁	夏						
秋	禾	禾	禾	秒	秋				
冬	ノ	夂	冬	冬					

LEÇON 7 : TEST 1

Dans le tableau ci-dessous, et sans regarder ce que nous venons juste d'étudier, tracez chaque caractère chinois selon sa signification.

#	CARACTÈRE	SIGNIFICATION	DESCRIPTION ET EXPLICATION
131		(Préfixe négatif) / non / ne... pas	Aucune explication rapide n'est possible, mais il est indispensable de connaître ce caractère
132		Encore / de plus / en outre	Aucune explication rapide n'est possible, mais il est indispensable de connaître ce caractère

#	CARACTÈRE	SIGNIFICATION	DESCRIPTION ET EXPLICATION
133		Voir / regarder / visiter / cela dépend / penser	Main protégeant un œil pour mieux voir, regarder
134		Etre capable ou susceptible de / pouvoir / rencontrer	Aucune explication rapide n'est possible, mais il est indispensable de connaître ce caractère
135		Je / moi / mon, ma, mes	Pictogramme d'une main tenant une lance
136		Tu / toi	Une personne (caractère #5) avec 尔 phonétique (la phonétique sera étudiée plus tard)
137		Aussi / également	Aucune explication rapide n'est possible, mais il est indispensable de connaître ce caractère
138		Terre / terrain / sol / champ / -ement (suffixe adverbial)	Sol (caractère #13) avec 也 phonétique (la phonétique sera étudiée plus tard)
139		Il / lui	Une personne (caractère #5) avec 也 phonétique (la phonétique sera étudiée plus tard)
140		Elle / lui (féminin)	Une femme (caractère #53) avec 也 phonétique (la phonétique sera étudiée plus tard)
141		Il, elle (sujets neutres, utilisés pour animaux) / le, la, lui (compléments neutres)	Pictogramme d'un serpent

#	CARACTÈRE	SIGNIFICATION	DESCRIPTION ET EXPLICATION
142		Est (point cardinal) / hôte / propriétaire	La version traditionnelle est 東 ; le soleil qui se lève derrière un arbre, donc à l'est
143		Sud	Pictogramme d'un ancien instrument de musique
144		Ouest	Pictogramme d'un oiseau qui se perche pour dormir, suggérant le crépuscule, donc l'ouest
145		Nord	Pictogramme représentant deux personnes dos à dos
146		Vouloir / volonté / être sur le point de / verbe devoir	Pictogramme représentant deux mains qui tiennent une femme, suggérant « vouloir / désirer »
147		Avant / devant / il y a (10 ans) / précédent / d'avant	Pictogramme qui traduit un mouvement vers l'avant, suggérant l'antériorité
148		Derrière / en arrière / après / plus tard	Une personne (caractère #5) penchée en avant pour crier (bouche, caractère #45) des ordres (t : 後)
149		(à) gauche	Main (caractère #77) qui aide au travail ; suggère une main gauche
150		(à) droite	Main (caractère #77) qui travaille, avec une bouche ; suggère une main droite

#	CARACTÈRE	SIGNIFICATION	DESCRIPTION ET EXPLICATION
151		Centre / central / milieu	Une flèche qui transperce le centre d'une cible ; ici, 口 ne représente pas une bouche ou une frontière
152		Très / complètement / énormément	Pictogramme suggérant un mouvement rapide, avec 艮 phonétique (la phonétique sera étudiée plus tard)
153		Printemps	Le soleil fait germer les plantes
154		L'été	Aucune explication rapide n'est possible, mais il est indispensable de connaître ce caractère
155		Automne	La paille brûlée après la récolte du blé, en automne
156		Hiver	Pictogramme représentant le froid 冫 (voir caractère #86) ; fin de l'année

LEÇON 7 : TEST 2

Dans le tableau ci-dessous, et sans regarder ce que nous venons juste d'étudier, transcrivez la signification de chaque caractère chinois.

#	CARACTÈRE	SIGNIFICATION	DESCRIPTION ET EXPLICATION
131	不		Aucune explication rapide n'est possible, mais il est indispensable de connaître ce caractère

#	CARACTÈRE	SIGNIFICATION	DESCRIPTION ET EXPLICATION
132	还		Aucune explication rapide n'est possible, mais il est indispensable de connaître ce caractère
133	看		Main protégeant un œil pour mieux voir, regarder
134	会		Aucune explication rapide n'est possible, mais il est indispensable de connaître ce caractère
135	我		Pictogramme d'une main tenant une lance
136	你		Une personne (caractère #5) avec 尔 phonétique (la phonétique sera étudiée plus tard)
137	也		Aucune explication rapide n'est possible, mais il est indispensable de connaître ce caractère
138	地		Sol (caractère #13) avec 也 phonétique (la phonétique sera étudiée plus tard)
139	他		Une personne (caractère #5) avec 也 phonétique (la phonétique sera étudiée plus tard)
140	她		Une femme (caractère #53) avec 也 phonétique (la phonétique sera étudiée plus tard)
141	它		Pictogramme d'un serpent

#	CARACTÈRE	SIGNIFICATION	DESCRIPTION ET EXPLICATION
142	东		La version traditionnelle est 東 ; le soleil qui se lève derrière un arbre, donc à l'est
143	南		Pictogramme d'un ancien instrument de musique
144	西		Pictogramme d'un oiseau qui se perche pour dormir, suggérant le crépuscule, donc l'ouest
145	北		Pictogramme représentant deux personnes dos à dos
146	要		Pictogramme représentant deux mains qui tiennent une femme, suggérant « vouloir / désirer »
147	前		Pictogramme qui traduit un mouvement vers l'avant, suggérant l'antériorité
148	后		Une personne (caractère #5) penchée en avant pour crier (bouche, caractère #45) des ordres (t : 後)
149	左		Main (caractère #77) qui aide au travail ; suggère une main gauche
150	右		Main (caractère #77) qui travaille, avec une bouche ; suggère une main droite
151	中		Une flèche qui transperce le centre d'une cible ; ici, 口 ne représente pas une bouche ou une frontière

#	CARACTÈRE	SIGNIFICATION	DESCRIPTION ET EXPLICATION
152	很		Pictogramme suggérant un mouvement rapide, avec 艮 phonétique (la phonétique sera étudiée plus tard)
153	春		Le soleil fait germer les plantes
154	夏		Aucune explication rapide n'est possible, mais il est indispensable de connaître ce caractère
155	秋		La paille brûlée après la récolte du blé, en automne
156	冬		Pictogramme représentant le froid 冫 (voir caractère #86) ; fin de l'année

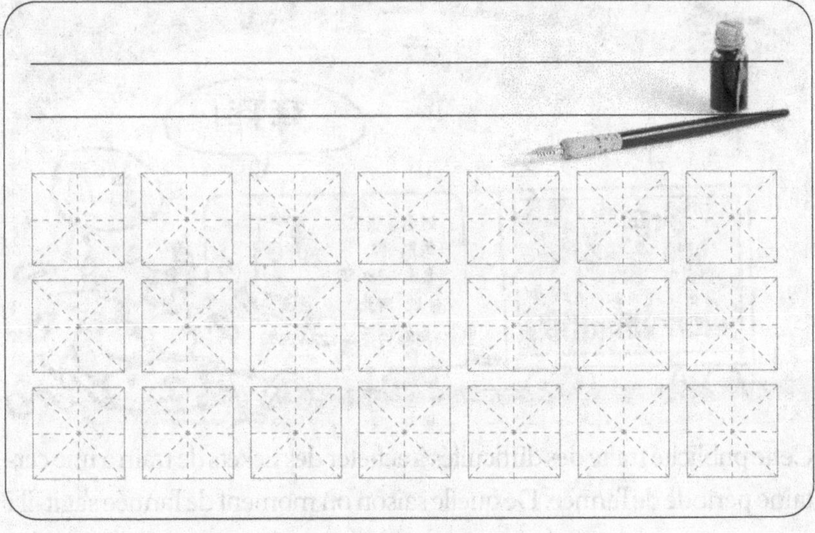

LE CHINOIS PRATIQUE

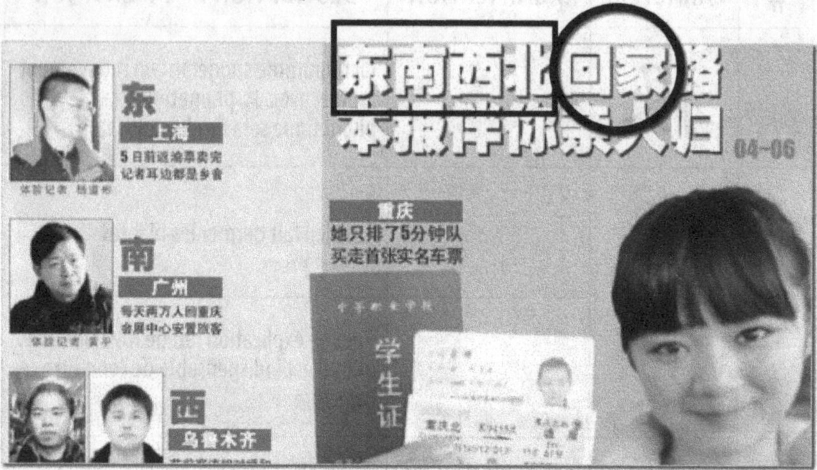

Si l'on en croit les 2 caractères dans le cercle, l'image ci-dessus évoque « aller / revenir chez soi » ; mais alors, que nous disent les 4 caractères dans le rectangle ?

Cette publicité traite des difficultés à acheter des tickets de train à une certaine période de l'année. De quelle saison ou moment de l'année s'agit-il ?

LEÇON 8

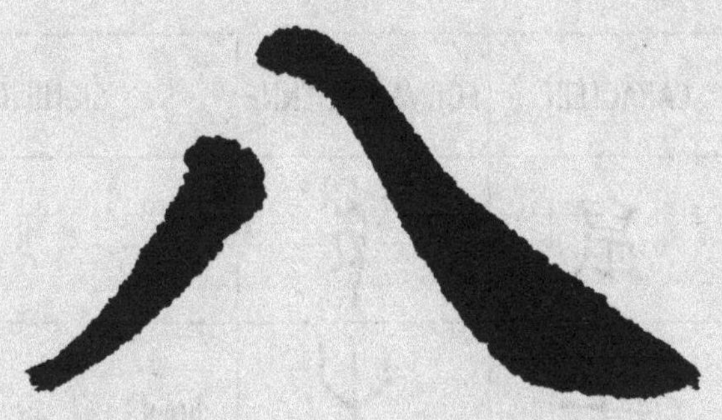

Définition	Huit
Evolution du caractère	
Ordre des traits	丿 八
Proverbe chinois	八面威风

LE ZODIAQUE CHINOIS ET L'UTILISATION DU RADICAL « ANIMAL »

Dans la leçon 2, page 26, nous avons abordé les radicaux chinois, dont l'importance est fondamentale pour comprendre le fonctionnement du chinois écrit. Dans cette leçon-ci, nous allons approfondir ce savoir grâce à l'analyse des 12 animaux qui composent le zodiaque chinois.

#	CARACTÈRE	FORME ANCIENNE	SIGNIFICATION
157	鼠		Rat
158	牛		Bœuf
159	虎		Tigre
160	兔		Lapin
161	龙		Dragon (t : 龍)
162	蛇		Serpent
163	马		Cheval (t : 馬)

#	CARACTÈRE	FORME ANCIENNE	SIGNIFICATION
164	羊		Mouton
165	猴		Singe
166	鸡		Poulet (t : 雞)
167	狗		Chien
168	猪		Cochon (t : 豬)

Tableau 9 : Liste des caractères chinois 157 à 168

Trois animaux sur les douze ci-dessus devraient déjà vous être familiers : 马 (t : 馬, cheval), 牛 (bœuf) et 羊 (mouton). Avec les neuf nouveaux signes, nous allons les utiliser pour illustrer et réviser le principe de classification des caractères d'après leur radical. Nous avons déjà abordé cette notion avec le radical (木), « bois » : sa présence dans une combinaison indique qu'il est question d'arbres, de bois, de construction, etc. Le radical « animal » (犭) lui, s'avère encore plus précieux ou utile que le radical « bois ». Un dictionnaire courant donne plus de 100 caractères sous le radical « animal », et pratiquement tous les sinogrammes intégrant ce radical désignent des espèces animales. En revanche, le radical « bois », s'il est présent dans 200 sinogrammes environ, est bien loin de toujours leur attribuer une signification liée au bois.

Le radical « poisson » (t : 鱼) est particulièrement utile. Les caractères listés sous ce radical désignent chacun une espèce de poissons, avec pour seule exception 鳄, qui signifie crocodile. Nous avons là une combinaison formée du radical « poisson » à gauche, indiquant que notre caractère représente un animal aquatique, puis à droite, le dessin d'une bête surmontée de deux carrés suggérant les grosses écailles qui recouvrent son corps.

Bref, chaque fois que le radical « poisson » est présent, le sinogramme traduit très probablement un nom de poisson, même si on ne connaît pas ce nom en français et encore moins en chinois. Et il y a manifestement de très nombreuses sortes de poissons, telle la raie pastenague ou bien le flet à œil gauche de notre dictionnaire !

Les combinaisons qui symbolisent 猪 (t : 豬, cochon), 猴 (singe) et 狗 (chien) utilisent toutes trois le radical « animal » (犭) pour indiquer très logiquement qu'elles traitent d'animaux. Pour l'instant, nous continuerons d'ignorer les éléments tracés à droite, qui sont là pour indiquer un son, et non pas une signification. La notion d'emprunt phonétique sera explicitée plus loin.

Les autres signes zodiacaux confirment la grande utilité de notre radical « animal » :

鸡 (t : 雞), signifie « poulet ». Il contient le radical « oiseau » (鸟). La plupart des caractères comportant ce radical font référence à des espèces d'oiseaux.

蛇 (serpent) utilise le radical 虫, qui évoque une large variété du monde animal, telles les grenouilles, ou encore les serpents, les insectes ou bien les papillons. La moitié environ des sinogrammes concernés par ce radical désignent des animaux. Ainsi, et par souci de simplification, nous l'appellerons le radical « insecte », quoiqu'il recouvre bien plus de choses que son acception française normale. Voilà pourquoi il figure en bonne place dans l'appendice pour illustrer le fait que si les radicaux sont souvent de précieux aide-mémoire, ce n'est pas toujours le cas.

Les autres animaux du zodiaque que nous n'avons pas encore étudiés sont le rat, le tigre, le lapin et le dragon.

鼠 signifie rat ou souris, 鼢 est une variété de taupe. 鼠 était à l'origine la représentation schématisée d'un animal, avec tête, moustaches, dents et queue.

虍 désigne les rayures d'un tigre, 虎 signifie « tigre ». A l'origine. 虎 n'était rien d'autre que l'image simplifiée d'un animal à rayures.

兔 est la représentation d'un animal tapi, alerté par un danger. Il existe plusieurs caractères formés sur ce radical, dont seuls quelques-uns se réfèrent directement au monde animal. Par exemple 冤 qui signifie

« injustice », suggère un lapin encagé. Mais la plupart d'entre eux ont été empruntés pour évoquer un son, et non pour leur signification.

龙 (t : 龍) est à la fois un radical et un caractère. Il signifie « dragon », l'un des termes les plus fréquents du lexique chinois. Au cours de ses trois millénaires d'évolution, ce mot s'est presque totalement différencié de sa forme pictographique d'origine. Sous ce radical, quelques caractères seulement ont une signification qui se réfère au dragon ; on l'utilise surtout pour raisons phonétiques.

En nous intéressant au zodiaque, nous avons ainsi incidemment découvert que certains caractères sont souvent utilisés dans des combinaisons non pas pour le sens, mais pour suggérer un son. Si jusqu'à présent, nous avons volontairement éludé tout ce qui se rapporte à la phonétique, dans la prochaine leçon, nous allons nous intéresser au rôle du son dans la constitution des caractères. Il est clair que le son a peu d'importance pour des débutants qui, même s'ils commencent à comprendre l'écrit, n'oralisent pas encore la langue chinoise.

LEÇON 8 : ORDRE DES TRAITS ET PRATIQUE

Le tableau ci-dessous montre l'ordre et la direction des traits pour chacun des caractères présentés dans cette leçon. A vous de jouer maintenant !

鼠								鼠		
牛	ノ		牛							

虎	⺊	⺊	广	虍	虍	虎				
兔	㇒	⺈	色	争	免	兔				
龙	𠂇	龙	龙							
蛇	中	虫	虫	蛇						
马	㇆	马	马							
羊	丶	丷	兰	羊						
猴	㇒	犭	犭	犭	犷	犷	犷	猴		
鸡	又	又	又勹	又勹	鸡	鸡				
狗	犭	狗								
猪	犭	犭土	犭耂	猪						

LEÇON 8 : TEST 1

Dans le tableau ci-dessous, nous avons sélectionné des caractères que nous n'avons pas encore étudiés, mais cela ne doit pas vous effrayer. Selon le « Tableau 2 : Exemple de radicaux courants » page 29, et le « Tableau 9 : Liste des caractères chinois #157 - #168 » pages 101 et 102, tracez le radical de chaque caractère et indiquez sa catégorie.

Gardez à l'esprit qu'un radical ne donne pas toujours un indice sur le sens réel du caractère. Vérifiez vos réponses sur « Réponses du test 2 » page 172.

#	RADICAL	SIGNIFICATION	EXEMPLE
1		☐ Bois ☐ Animal	犸
2		☐ Eau ☐ Langue	讯
3		☐ Animal ☐ Racine	羚
4		☐ Poisson ☐ Langage	鲐
5		☐ Plante ☐ Maison	花
6		☐ Animal ☐ Poil	彪
7		☐ Arbre ☐ Animal	驼
8		☐ Maladie ☐ Météo	痂
9		☐ Œil ☐ Nourriture	盲
10		☐ Animal ☐ Tissu	狍
11		☐ Animal ☐ Fleur	牡
12		☐ Champ ☐ Glace	男
13		☐ Toit ☐ Instrument de musique	官
14		☐ Liquide ☐ Porte	闯
15		☐ Toit ☐ Danseur	家

LE CHINOIS PRATIQUE

Ecrivez sous chaque caractère le nom de l'animal qu'il représente.

鼠	龙	猴	兔
牛	蛇	鸡	羊
虎	马	狗	猪

D'après le caractère signalé ci-dessus, quel animal symbolise 2010 dans le zodiaque chinois ?

LEÇON 9

Définition	Neuf, beaucoup, nombreux
Evolution du caractère	
Ordre des traits	丿 九
Proverbe chinois	九牛一毛

DIALECTES, SONS, TRANSPOSITION EN CARACTÈRES LATINS ET EMPRUNTS POUR RAISONS PHONÉTIQUES

INTRODUCTION

De nos jours, le Putong Hua 普通话, qui est le langage parlé moderne basé sur le dialecte pékinois, s'utilise à travers toute la Chine. Mais cette généralisation est récente. Par le passé, en effet, c'était la langue écrite, maîtrisée par une minorité de lettrés, étudiants ou fonctionnaires, qui assurait la même fonction dans l'Empire chinois que le latin dans l'Empire romain. Toute personne instruite pouvait ainsi communiquer partout dans l'Empire, indépendamment de sa langue maternelle.

Les statistiques chinoises des années 90 comptabilisaient plus de quatre-vingts « dialectes ». Et dans les années 40 par exemple, un étudiant en cantonais se rendait vite compte que le cantonais était inutile en dehors de la province de Guangdong puisqu'il ne pouvait plus communiquer autrement que par écrit. On comprend alors très bien que le gouvernement chinois ait favorisé la généralisation du Putong Hua, ce qui a conjointement entraîné la récession des autres dialectes locaux. Ces soi-disant « dialectes », tels le cantonais, le hakka, le hokkien, le teochew, les parlers de Shanghai ou du Hainan du sud, sont aussi différents entre eux que le sont l'italien, le français et l'espagnol, ou encore l'anglais et l'allemand. Ces « dialectes » ont des racines communes mais ne sont pas compris par les gens des provinces autres que celles où ils sont parlés ; en outre, ils n'ont aucune forme écrite officiellement attestée. Les non-Chinois ont souvent du mal à concevoir l'idée d'une langue écrite qui n'est pas basée sur une forme quelconque d'alphabet phonétique. Le tableau suivant illustre à quel point les sons des divers « dialectes » peuvent être différents. Nous avons utilisé une transcription latine[1] pour la prononciation des colonnes mandarin et cantonais afin d'aider les lecteurs à en imaginer aisément les sons.

1. Il s'agit ici de l'orthographe de l'édition originale en langue anglaise : il faut donc prononcer « à l'anglaise » pour retrouver les différents sons avec quelque vérité.

#	CARACTÈRE	PINYIN	MANDARIN	CANTONAIS
1	一	yī	yee	yat
2	二	èr	er	yee
3	三	sān	san	saam
4	四	sì	szi	say
5	五	wǔ	woo	ng
6	六	liù	liu	luk
7	七	qī	chee	chut
8	八	bā	ba	baat
9	九	jiǔ	jiu	gau
10	十	shí	sher	sup

Tableau 10 : Prononciation en pinyin, mandarin et cantonais

En bref, le Putong Hua - anciennement mandarin - est devenu la langue de toute la nation ; auparavant, les gens de deux provinces différentes ne pouvaient communiquer facilement qu'au travers de la langue écrite.

DISCUSSION

Jusqu'au début du 20ème siècle, toutes les personnes qui savaient lire le chinois pouvaient encore comprendre l'ensemble des œuvres classiques chinoises. Il en va ainsi des gens qui lisent le français moderne, et qui peuvent aussi lire Rabelais, Montaigne ou Racine sans difficulté majeure, malgré les siècles écoulés. En revanche, la langue écrite chinoise 文言 (Wenyan), était une langue de lettrés, concise et dense, d'apprentissage ardu, qui ne s'adressait pas au Chinois moyen. Aussi, il était naturel que les réformateurs cherchent à simplifier le langage écrit. Après la révolution de 1911, les intellectuels du pays introduisirent un nouveau type d'écriture plus accessible aux masses. Ce nouveau type s'appelait 白话 (bai hua, littéralement « la langue blanche », la langue du peuple). Les journaux, les romans et le théâtre devinrent plus faciles à lire, mais parallèlement à cette évolution, les anciens classiques se métamorphosèrent en une sorte de langue étrangère. Le processus fut quelque peu analogue à ce qui se produisit en France au 19ème siècle. Jusque là, toute personne instruite savait lire le latin, et les auteurs de l'époque pouvaient émailler leurs textes de citations latines sans qu'une quelconque traduction leur semble nécessaire. En ce 21ème siècle toutefois, plus aucun auteur n'oserait cette présomption. Les réformateurs du chinois écrit ont généré des conséquences similaires : peu de gens peuvent encore lire couramment les classiques.

Une commission fut créée dans les années cinquante, avec pour mission d'élaborer un système standard de transcription de la langue nationale (putong hua) en caractères latins. Le pinyin (littéralement « assemblage de sons ») en naquit et fut une réussite. Mais comme souvent quand l'alphabet phonétique latin est utilisé, le pinyin ne peut se substituer avec une totale efficacité aux caractères chinois, parce que des multitudes de mots de cette langue ont le même son. La forme traditionnelle de l'écriture chinoise résolvait les problèmes d'homophonie : 人 (une personne) n'a pas le même aspect que 仁 (bonté), mais en pinyin les deux mots s'écrivent « ren » (rén). Bien sûr, ce problème d'homophonie existe aussi en français, même s'il est moins flagrant qu'en chinois. « Pile » peut signifier une batterie (une pile neuve), l'inverse de face (pile ou face ?), un tas (une pile de livres), précis (heure pile), etc. Mais en général, les mots homophones à sens différent s'écrivent différemment aussi : ver, verre, vert, vers, ou vair n'ont pas du tout la même tête !

En chinois cependant, le nombre d'homophones est beaucoup plus important, comme un simple coup d'œil à n'importe quel dictionnaire chinois-français vous le confirmera. La base de données Unihan (voyez « Lectures complémentaires » page 138) montre 448 caractères chinois regroupés sous l'intitulé pinyin « ji ». Un tel nombre d'homophones est absolument considérable. 126 mots sont listés sous « ji » premier ton (jī) (pour informations concernant les tons, voyez « La fonction du son dans la langue écrite chinoise » page 115), 143 mots figurent sous « ji » deuxième ton (jí), 44 sous « ji » troisième ton (jǐ), et 162 sous « ji » quatrième ton (jì). Leurs significations recouvrent petite table (几), battement (击), machine (机), poulet (鸡), impatient (急), etc. Evidemment, le contexte aide à comprendre, et par bonheur on assemble souvent deux mots pour n'en plus former qu'un seul à deux syllabes, où la confusion est levée.

LE CHINOIS PRATIQUE

Dans les cases, transcrivez en caractères chinois le nom de chacune des quatre saisons.

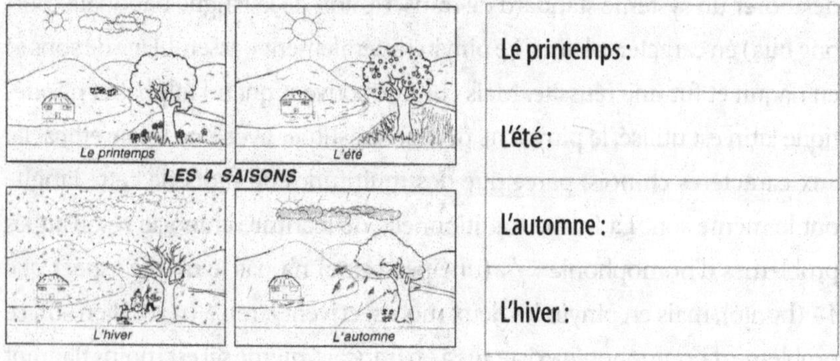

Reproduisez en caractères chinois les noms des quatre points cardinaux, nord, sud, est et ouest.

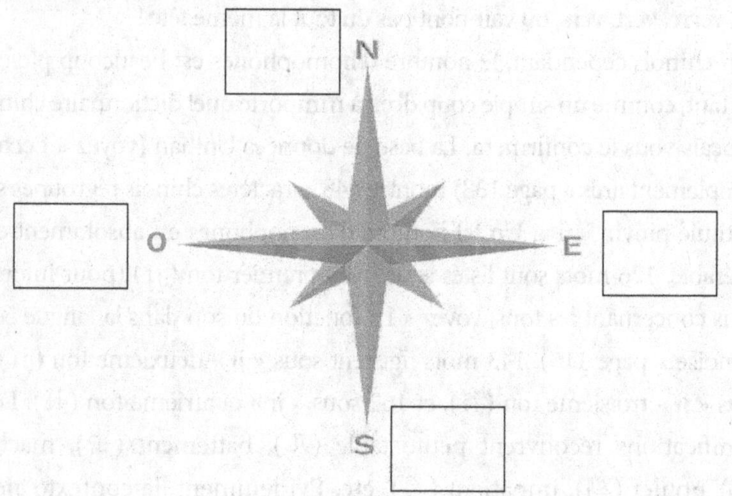

LEÇON 10

Définition	Dix, complet
Evolution du caractère	
Ordre des traits	一 十
Proverbe chinois	十全十美

LA FONCTION DU SON DANS LA LANGUE CHINOISE ÉCRITE

Nous avons repoussé ce sujet à la fin, pour jusqu'ici nous focaliser sur l'aspect des caractères chinois, les éléments qui les composent et leur sens. Même si nous avions déjà eu des connaissances concernant le langage parlé et ses sonorités, elles n'auraient été d'aucun secours pour l'analyse et la compréhension des caractères chinois étudiés ; pire, elles auraient même pu nous embrouiller. Cependant, le moment est maintenant venu de parler du « son » en tant qu'élément important de la construction d'un caractère chinois.

Comme cela a été dit dans la leçon précédente, jusqu'à la fin du 20ème siècle la communication orale restait quasiment impossible entre les habitants du nord et du sud de la Chine. Leurs langues parlées maternelles leur étaient mutuellement incompréhensibles, et leur soi-disant « dialectes », aussi différents entre eux que le français et l'anglais, demeuraient totalement hermétiques à un pratiquant du mandarin. La seule communication qui fonctionnait relevait du langage écrit.

La différence de prononciation des noms de famille illustre parfaitement les variations notables entre les soi-disant « dialectes ». M. Wu, de Pékin s'apercevait que le sinogramme Wu (吴) se prononçait Goh au Fujian, et Ng au Guangdong. M. Chen (陈) de Pékin lui aussi, entendait lire son nom Tan à Xiamen et Chan à Guangzhou.

Donc, jusqu'à un passé très récent, la langue écrite revêtait une importance fondamentale en tant que seul moyen de communiquer à travers toute la Chine, du nord au sud et d'est en ouest. Toutefois, l'intérêt capital de ce vecteur de compréhension mutuelle d'une nation entière n'avait rien à voir avec les prononciations attribuées aux caractères chinois par un lecteur en mandarin. L'écrit fonctionnait à travers tout le pays parce que ses lecteurs n'avaient pas besoin de savoir comment on l'aurait prononcé à Pékin, ils avaient simplement besoin de savoir ce que cela voulait dire. C'est pourquoi aucune des réformes mises en place depuis 1949 n'a changé les principes de base du wenyan (文言), la langue classique. Pour des raisons éminemment logiques et pratiques, les caractères chinois perdurent. Ils résolvent les problèmes d'une langue qui comporte relativement peu de syllabes orales différentes, opposées à un grand nombre de mots qui s'écrivent pareil en pinyin, alors que leur aspect est très différencié quand ils sont tracés en caractères traditionnels.

On n'a pas encore souvent mentionné le terme « son » dans cet ouvrage. Nous avons cependant constaté au passage qu'un caractère chinois est parfois utilisé dans une combinaison pour suggérer un son et non pas pour sa valeur sémantique. Ce procédé est fréquent.

LE SYSTÈME TONAL

Les systèmes d'intonation des langues occidentales sont arbitraires et personnels. Tout le monde fait plus ou moins varier son intonation selon les circonstances. En voici quelques exemples :

- Vraiment ? ↗ Question
- Vraiment. → Observation neutre
- Vraiment ! ↘ Exaspération

S'il est vrai que nous utilisons des « tons » dans les langues occidentales, ceux-ci ne font pas partie intégrante et permanente d'un mot : ils varient selon l'humeur, le contexte, l'emphase, les circonstances, etc.

Au contraire, le chinois attache de manière permanente un ton à un mot pour lui faire porter une valeur sémantique particulière. Le mandarin par exemple, possède quatre tons (plus un neutre), et le cantonais a neuf tons. Mais que ce soit quatre ou neuf, les tons demeurent une notion étrangère aux langues occidentales. Il n'y aura sans doute pas de conséquences majeures si vous utilisez des tons erronés pour compter de un à dix : vous pouvez toujours écrire le nombre en chiffres arabes, le taper sur une calculette, ou encore utiliser vos doigts. Mais cela peut revêtir une importance cruciale en d'autres circonstances. Le schéma ci-dessous illustre les quatre tons du mandarin :

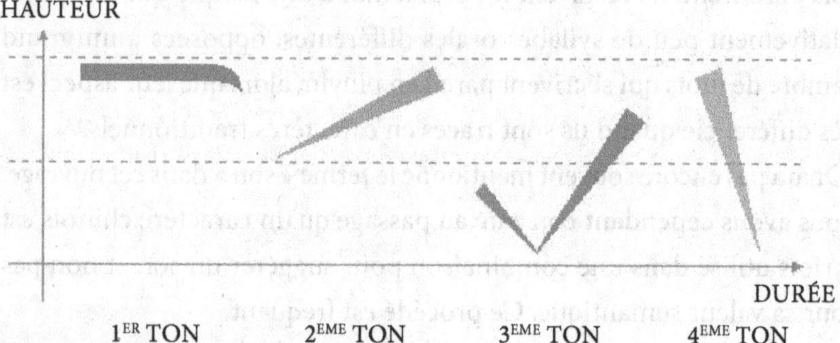

Prenons le monosyllabe « ma » comme exemple :

- mā, 妈, Mère, 1er ton
- má, 麻, Chanvre, 2ème ton
- mǎ, 马, Cheval, 3ème ton
- mà, 骂, Juron, 4ème ton
- ma, 吗, Particule interrogative, ton neutre

L'utilisation d'un ton inadéquat peut provoquer de nombreuses erreurs, voire être source de consternation ou d'amusement. Si vous n'en êtes pas persuadé (e), essayez encore l'entrée « ji » premier ton, (jī) dans la base de données *Unihan*, elle recouvre plus de cent caractères, tous d'aspect et de sens différents, mais qui s'écrivent exactement de la même façon en pinyin !

C'est donc certain, il apparaît indispensable d'investir du temps dans la maîtrise des tons. Malheureusement, très peu d'étrangers dominent leurs tons avec efficacité, dans le sens où chaque mot qu'ils apprennent devrait se trouver dans leur mémoire apparié pour toujours au ton qui lui est associé. Les causes de ce triste état de choses ne sont pas difficiles à cerner. D'abord, la plupart des étrangers, avides de communiquer d'emblée, n'auront sans doute pas la patience de réciter leurs « tables de tons » pendant des heures.

Ensuite, les professeurs d'université se montreront hostiles à l'utilisation de techniques d'enseignement aussi rudimentaires. Psalmodier les « tables de tons » n'est certainement pas une de leurs grandes priorités, et ainsi leurs étudiants s'essaient tout de suite à la communication sans en peaufiner les tons.

Quand nous-même avons commencé à apprendre le chinois, nous devions psalmodier nos tons tous les matins pendant plus d'une heure, six jours par semaine : le professeur lisait les caractères dont ensuite nous reproduisions le son et l'intonation tout en les lisant en lettres latines. Chaque jour pendant un mois, nous démarrions avec régularité par une séance de « psalmodie ». Et ça marchait. Pourtant, cette méthode d'entraînement par imitation des tons n'est pas fréquemment utilisée dans les instituts d'enseignement : les élèves connaissent la théorie, mais n'ont pas la pratique.

Il est dommage que si peu d'étrangers ne dominent leurs « tons » dès les premiers pas de leur apprentissage. Acquérir une intonation juste n'est pas un exercice intellectuel, mais simplement un travail d'imitation.

Dans le tableau suivant, nous donnons la signification, la transcription pinyin et le ton pour chacun des caractères que nous avons étudiés jusqu'ici. Il est important de noter que quelques caractères ont plus d'une version pinyin ou plus d'un ton. Pour ne pas compliquer les choses, seul le pinyin le plus usité est donné. Pour un complément d'information, l'étudiant (e) se référera à un dictionnaire.

Notre but principal à travers ce manuel n'est pas de nous focaliser sur la prononciation des caractères, mais de délivrer une méthode simple et efficace d'apprendre et de mémoriser leur sens d'après leur structure.

Le tableau ci-après est une première approche vers l'apprentissage de la prononciation du chinois mandarin[1].

1. Une aide très efficace quant à l'apprentissage de la prononciation des sons pinyin est : http : / / quickmandarin.com / chinesepinyintable

#	CARAC.	PINYIN	DÉFINITION
1	一	yī	1
2	二	èr	2
3	三	sān	2
4	十	shí	10
5	人	rén	Homme
6	个	gè	Individu
7	大	dà	Grand
8	太	tài	Trop
9	天	tiān	Jour
10	从	cóng	Venir de
11	内	nèi	Dedans
12	肉	ròu	Viande
13	土	tǔ	Terre
14	坐	zuò	S'asseoir

#	CARAC.	PINYIN	DÉFINITION
15	广	guǎng	Vaste
16	座	zuò	Siège
17	占	zhàn	Occuper
18	点	diǎn	Un peu
19	店	diàn	Magasin
20	床	chuáng	Lit
21	去	qù	Aller
22	在	zài	Situé à
23	王	wáng	Roi
24	主	zhǔ	Maître
25	住	zhù	Vivre à
26	国	guó	Pays
27	因	yīn	La cause
28	木	mù	Bois

#	CARAC.	PINYIN	DÉFINITION
29	林	lín	Forêt
30	森	sēn	Forêt épaisse
31	休	xiū	Se reposer
32	本	běn	Racines
33	目	mù	Œil
34	相	xiāng	Apparence
35	心	xīn	Cœur
36	想	xiǎng	Penser
37	日	rì	Jour
38	白	bái	Blanc
39	勺	sháo	Cuiller
40	的	de	De (possessif)
41	百	bǎi	100
42	是	shì	Verbe être

#	CARAC.	PINYIN	DÉFINITION
43	早	zǎo	Tôt
44	昨	zuó	Hier
45	口	kǒu	Bouche
46	喝	hē	Boire
47	禾	hé	Millet
48	和	hé	Et / harmonie
49	香	xiāng	Odorant
50	吃	chī	Manger
51	品	pǐn	Article
52	回	huí	Revenir
53	女	nǚ	Féminin
54	了	le	Notion temporelle
55	子	zǐ	Fils
56	好	hǎo	Bon

#	CARAC.	PINYIN	DÉFINITION
57	安	ān	Calme
58	字	zì	Lettre
59	家	jiā	Maison
60	妈	mā	Mère
61	吗	ma	Point d'interrogation
62	骂	mà	Réprimander
63	石	shí	Roc
64	码	mǎ	Nombre
65	田	tián	Champ
66	力	lì	Force
67	办	bàn	Faire
68	为	wèi	Parce que
69	男	nán	Mâle
70	果	guǒ	Fruit

#	CARAC.	PINYIN	DÉFINITION
71	门	mén	Porte
72	们	men	Marqueur pluriel des pronoms
73	问	wèn	Demander
74	间	jiān	Entre
75	买	mǎi	Acheter
76	卖	mài	Vendre
77	又	yòu	Encore (une fois)
78	双	shuāng	Paire
79	友	yǒu	Ami
80	没	méi	Ne pas
81	刀	dāo	Couteau
82	米	mǐ	Riz
83	来	lái	Venir
84	粉	fěn	Poudre

#	CARAC.	PINYIN	DÉFINITION
85	水	shuǐ	Eau
86	冰	bīng	Glace
87	汁	zhī	Jus
88	千	qiān	Kilo
89	开	kāi	Ouvrir
90	古	gǔ	Ancien
91	舌	shé	Langue
92	话	huà	Langage
93	活	huó	Vivre
94	月	yuè	Mois
95	朋	péng	Ami
96	明	míng	Clair
97	有	yǒu	Avoir
98	今	jīn	Aujourd'hui

#	CARAC.	PINYIN	DÉFINITION
99	冷	lěng	Froid
100	户	hù	Un ménage
101	万	wàn	10 000
102	方	fāng	Direction
103	房	fáng	Maison
104	上	shàng	Vers le haut
105	下	xià	Vers le bas
106	卡	kǎ	Carte
107	直	zhí	Droit
108	具	jù	Outil
109	真	zhēn	Réellement
110	寸	cùn	Une unité de longueur
111	对	duì	Correct
112	过	guò	Passer (temps)

#	CARAC.	PINYIN	DÉFINITION
113	时	shí	Heure
114	村	cūn	Village
115	树	shù	Arbre
116	贝	bèi	Coquillage
117	见	jiàn	Voir
118	贵	guì	Cher
119	现	xiàn	Apparaître
120	立	lì	Debout
121	产	chǎn	Produire
122	位	wèi	Position
123	站	zhàn	Etre là
124	小	xiǎo	Petit
125	少	shǎo	Peu
126	尖	jiān	Pointe (d'aiguille)

#	CARAC.	PINYIN	DÉFINITION
127	夕	xī	Crépuscule
128	多	duō	Beaucoup
129	名	míng	Nom (propre)
130	句	jù	Phrase
131	不	bù	Ne... pas
132	还	hái	Encore
133	看	kàn	Voir
134	会	huì	Pouvoir
135	我	wǒ	Je
136	你	nǐ	Tu
137	也	yě	Aussi
138	地	dì	Terre
139	他	tā	Il
140	她	tā	Elle

#	CARAC.	PINYIN	DÉFINITION	#	CARAC.	PINYIN	DÉFINITION
141	它	tā	Il, elle (utilisés pour animaux, objets)	155	秋	qiū	Automne
142	东	dōng	Est (point cardinal)	156	冬	dōng	Hiver
143	南	nán	Sud	157	鼠	shǔ	Rat
144	西	xī	Ouest	158	牛	niú	Bœuf
145	北	běi	Nord	159	虎	hǔ	Tigre
146	要	yào	Vouloir	160	兔	tù	Lapin
147	前	qián	Avant	161	龙	lóng	Dragon
148	后	hòu	Derrière	162	蛇	shé	Serpent
149	左	zuǒ	(à) gauche	163	马	mǎ	Cheval
150	右	yòu	(à) droite	164	羊	yáng	Mouton
151	中	zhōng	Centre	165	猴	hóu	Singe
152	很	hěn	Très	166	鸡	jī	Poulet
153	春	chūn	Printemps	167	狗	gǒu	Chien
154	夏	xià	L'été	168	猪	zhū	Cochon

Tableau 11 : Phonologie pinyin de notre sélection de 168 caractères chinois

EST-CE QUE DES CARACTÈRES AVEC DES RADICAUX OU DES STRUCTURES SIMILAIRES ONT UNE PRONONCIATION ET / OU UN SENS SIMILAIRES ?

Cette section sert d'appendice à la leçon 10. Si elle vous donne l'impression que tout s'embrouille dans votre tête, passez au chapitre suivant et aux tests finals.

Lors de la leçon 9, paragraphe « discussion » page 111, nous avons déjà vu qu'une transcription pinyin pouvait représenter plusieurs caractères différents. Prenons les choses à l'envers maintenant : est-ce que des caractères similaires par leurs radicaux ou leurs structures ont un son et / ou un sens similaires ? La réponse est : « Pas toujours ! »

Le tableau ci-dessous utilise le radical 虫, communément appelé radical insecte, pour montrer que dans la construction d'un sinogramme, la valeur phonétique du composant d'une combinaison est utilisée aussi souvent, sinon plus, que sa pure valeur de symbole visuel.

La liste montre aussi comment le problème des homophones se résout parfois de lui-même : nous avons ici 5 caractères chinois formés sur le même radical mais dont les sons pinyin sont tous différents.

#	CARACTÈRE	SIGNIFICATION	PINYIN
1	虫	Insecte ; ver	chóng
2	虱	Pou	shī
3	虾	Crevette	xiā
4	虽	Bien que ; même si	suī
5	蚊	Moustique	wén

Tableau 12 : exemples de différents sons pinyin pour le radical 虫

Si l'on étend le tableau aux 30 caractères figurant sous ce même radical 虫, on constate que :

- 19 caractères désignent des animaux, depuis le pou jusqu'au serpent.
- 4 caractères se réfèrent à des productions animales : œufs, miel, cire...
- 4 caractères décrivent les mouvements des vers et des serpents.
- 3 caractères n'ont rien à voir avec le monde animal.

En bref, le radical 虫 fournit un indice quant au sens de 27 caractères sur les 30 indexés sous ce même radical 虫 dans les dictionnaires.

Beaucoup d'entre vous se demandent sans doute pourquoi les réformateurs chinois les plus zélés n'ont pas décidé d'abolir les caractères chinois pour les remplacer par le pinyin. Cette question trouve une réponse évidente dans la masse de mots différents regroupés sous un seul index pinyin.

Intéressons-nous maintenant à la manière dont les anciens scripteurs ont utilisé les sons pour amplifier leurs possibilités d'expression lorsqu'ils créaient des caractères nouveaux. Il est clair que les caractères chinois empruntés pour indication phonétique ne traduisent pas une sonorité précise, comme le font les lettres de notre alphabet, où le « B » sonne toujours comme le « B » dans « balle » et le « D » comme le « D » dans « dalle ». Les caractères empruntés pour causes phonétiques se contentent de suggérer que le son du caractère complet possède quelque similitude avec le son de l'élément emprunté.

Continuons maintenant selon l'excellent principe chinois affirmant qu'une seule image en dit autant que dix mille mots, par d'autres exemples d'emprunts de caractères à vocation phonétique. Avec beaucoup de chance, nous pouvons tomber sur une combinaison formée par un premier caractère familier, utilisé comme radical pour suggérer un champ sémantique, et un second caractère connu, qui lui, évoque un son. Malheureusement, le système n'est pas souvent si bienveillant. Le principe phonétique apporte toutefois une aide précieuse à la mémoire, même s'il est peu précis.

Les quatre exemples suivants ont la même forme pinyin et le même ton, mais ici chacun d'entre eux a perdu sa valeur sémantique et est devenu un indicateur phonétique.

CARACTÈRE	SIGNIFICATION DE LA COMBINAISON	ÉLÉMENTS DE LA COMBINAISON	PINYIN
生	Donner naissance, élever, faire pousser, vie	生 comme radical	shēng
笙	Petit instrument de musique en forme de calebasse	竹 comme radical ; 生 comme indicateur phonétique	shēng
甥	L'enfant d'une sœur (nièce / neveu)	生 est le radical et est aussi utilisé comme indicateur phonétique	shēng
牲	Animal sacrificiel	牜 est le radical ; 生 donne l'indication phonétique	shēng

Tableau 13 : Exemples d'emprunts phonétiques

L'apprentissage des caractères chinois peut être déroutant pour les personnes qui ont besoin de s'appuyer sur un ensemble de règles précises. Et dans cette leçon, il est apparu que les règles utilisées pour les sinogrammes sont souvent fluctuantes ou floues. Toutefois, nous savons par expérience que plus vous apprendrez ou mémoriserez de caractères, de plus en plus facile cela deviendra. Si un milliard passé de personnes savent les utiliser quotidiennement pour communiquer, pourquoi pas vous ? Le meilleur conseil que nous puissions vous prodiguer pour l'avenir, c'est 加油 (« Jiāyóu », accrochez-vous, persévérez !)

LE CHINOIS PRATIQUE

Dans le tableau ci-dessous, transcrivez en caractères chinois les équivalents des sujets ou des possessifs leur correspondant.

	Je Mon, ma, mes	
	Il (homme) Son, sa, ses (possesseur homme)	
	Elle (femme) Son, sa, ses (possesseur femme)	
	Elles (femmes) (Le / la / les) leur (s) (possesseurs femmes)	
	Ils (hommes) (Le / la / les) leur (s) (possesseurs hommes)	
	Il / elle (neutre : animal ou chose) Son, sa, ses (possesseur neutre)	
	Ils / elles (neutres : animaux, choses) (Le / la / les) leur (s) (possesseurs neutres)	

LE CHINOIS PRATIQUE

Définition	Utiliser, employer, appliquer
Evolution du caractère	用 用 用 用
Ordre des traits	丿 冂 月 月 用
Proverbe chinois	用心良苦

MA PREMIÈRE HISTOIRE EN CHINOIS

Votre travail sur les caractères présentés dans les leçons 1 à 10 devrait vous permettre de lire le texte ci-dessous. A première vue, cela semble impossible, mais ne vous affolez pas, tous les signes utilisés vous sont connus.

☞ En premier lieu, tentez d'en comprendre le sens global. Ce sera sans doute ardu, mais essayez, caractère par caractère.

我的名字是王冰。我是西方人，十一月七日来了中国。中国是一个好地方，东西很好吃，中国人也很友好。我住在西安。西安的小吃很有名，不过冬天太冷了，1℃左右。

我有一个日本朋友，他一直想来中国。昨天他和他的妈妈来西安看我。现在他们住在我家。

今天早上我们去吃东西时，人太多了。我们去点东西时，有人占了我们的座位。我们又去了人少一点的一家店。我的朋友点了羊肉粉，他的妈妈不吃牛羊肉，点了鸡肉粉。我们没有点喝的东西，因为太贵了。

我们明天要去买香水。有一家店的香水很好。因为还想回来买很多东西，我办了VIP卡。

我的男朋友住在广西，从来没有见过他们。因为他们十二月五日前还在中国，我的男朋友会从广西过来见他们。

我的日本朋友在中国很开心，他们还想来中国。

☞ Maintenant, essayez phrase par phrase. Reportez-vous à la note qui suit pour les caractères grisés :

我的名字是王冰。我是西方人，十一月七日来了中国。

中国是一个好地方，东西很好吃，中国人也很友好。

我住在西安。西安的小吃很有名，不过冬天太冷了，

1°C左右。

我有一个日本朋友，他一直想来中国。昨天他和他的

妈妈来西安看我。现在他们住在我家。

今天早上我们去吃东西时，人太多了。我们去点东西

时，有人占了我们的座位。我们又去了人少一点的一家

店。我的朋友点了羊肉粉，他的妈妈不吃牛羊肉，

点了鸡 肉粉。我们没有点喝的东西，因为太贵了。

我们明天要去买香水。有一家店的香水很好。

因为还想回来买很多东西，我办了VIP卡。

我的男朋友住在广西，从来没有见过他们。因为他们十

二月五日前还在中国，我的男朋友会从广西过来见他们。

我的日本朋友在中国很开心，他们还想来中国。

☞ Dans le texte qui précède, il y a plusieurs mots à 2 caractères (grisés) que nous n'avons pas étudiés en tant que composés, mais dont vous connaissez individuellement les 2 caractères. Voici leur traduction et les explications correspondantes :

名字 : Nom
王冰 : Le nom de famille d'une personne
中国 : « L'Empire du Milieu » ; la Chine
地方 : « Sol + lieu » ; endroit, lieu
友好 : « amical + bon » ; amical, sympathique
东西 : « Est + Ouest » ; objets (nourriture, objets, choses, etc.)
西安 : Xi'an, une ville en Chine
冬天 : « Hiver + jour » ; hiver
左右 : « Gauche + droite » ; environ, à peu près
日本 : « Soleil + racine » ; le Japon
朋友 : « Ami + ami » ; ami

一直 : « Un(e fois) + tout droit » ; tout au long, depuis longtemps
昨天 : « Hier + jour » ; hier
坐位 : « Siège + endroit » ; chaise, siège
香水 : « Odorant + eau » ; (du) parfum
广西 : La province de Guangxi
从来 : « De (origine) + venir » ; jamais
开心 : « Ouvert + cœur » ; heureux

☞ Traduction :

Mon nom est Wang Bing. Je suis occidental. Le 7 novembre, je suis arrivé en Chine. La Chine est un endroit super, la nourriture est très bonne, et les Chinois sont très sympathiques. J'habite Xi'an. Les snacks dans les petites ruelles de Xi'an sont très réputés, mais l'hiver y est trop froid, environ 1°C.

J'ai un ami japonais. Depuis longtemps, il voulait venir en Chine. Hier, lui et sa mère sont arrivés à Xi'an pour me voir. Maintenant, ils sont logés chez moi.

Ce matin, nous sommes allés manger dans un snack, mais il y avait trop de monde. Pendant que nous passions commande, des gens ont pris nos chaises, si bien que nous sommes allés dans un autre restaurant moins bondé. Mon ami a commandé des nouilles au mouton. Sa mère ne mange ni bœuf ni mouton, aussi elle a commandé des nouilles au poulet. Nous n'avons pas pris de boissons parce que c'était trop cher.

Demain, nous allons acheter du parfum. Il y a une très bonne parfumerie aux environs. Parce que nous voulons acheter en grosses quantités, nous avons pris une carte VIP.

Mon petit-ami vit au Guangxi, il n'a jamais rencontré mes amis. Comme ils restent en Chine jusqu'au 5 janvier, mon copain viendra du Guangxi pour les voir.

Mes amis ont pris du bon temps en Chine, ils pensent y revenir.

☞ Voici maintenant le texte en français, dans une structure calquée sur la syntaxe chinoise. Sans regarder le texte original, à vous de le récrire en chinois.

□□□□□□□。□□□□，□□□□□□□□□。

Mon/nom/est/ Wang/Bing. Je suis/occidental. 11/mois/7/jour/ arrivé/Chine.

□□□□□□□□，□□□□□，□□□□□□□。

Chine/est/un/grand (super)/endroit, choses/très/bonnes /manger, chinois/gens/aussi/très/amicaux.

□□□□□。□□□□□□□□，□□□□□□□，

Je/vivre/dans/Xi'an. Xi'an/de/petit + manger (snack)/très/a + nom (réputé), mais/hiver/trop/froid,

1°C □□。

1°C/environ.

□□□□□□□□，□□□□□□□。□□□□□□

Je/ai/un/Japon/ami, il/tout le temps/voulait/venir à/Chine. Hier /il/et/sa

□□□□□□□。□□□□□□□□。

mère/arrivés/Xi'an/voir/moi. Maintenant/ils/vivre/à/ ma/maison.

□□□□□□□□□□□，□□□□，□□□□□□

Aujourd'hui/matin/nous/allés/manger/choses/temps (=au moment où), gens/trop/beaucoup. Nous/allés/commander/choses

□, □□□□□□□□□。□□□□□□□□□□

temps/il y avait/gens/occupé/nos/sièges. Nous/encore/allés/gens/moins/un+peu/de

□□□。□□□□□□□□, □□□□□□□□□,

un/maison+boutique(=restaurant). Mon/ami/commandé/mouton/viande/nouilles, sa/mère/ne pas/manger/bœuf/mouton/viande,

□□□□□。□□□□□□□□, □□□□□。

commandé/poulet/viande/nouilles. Nous/ne pas/commandé/boisson+choses(=boissons), parce que/trop/cher.

□□□□□□□□□。□□□□□□□□。

Nous/demain/voulons/acheter/parfum. Il y a/un/maison+boutique(=magasin)/de/parfum/très/bon.

□□□□□□□□□□□, □□□VIP□。

Parce que/aussi/pensons/revenir/acheter/beaucoup/choses, nous/fait/VIP/carte.

□□□□□□□□□, □□□□□□□□。□□□□

Mon/petit-ami/vit/dans/Guangxi, de+venir(=jamais)/rencontré/eux. Parce que/ils

□□□□□□□□□□, □□□□□□□□□□□□□。

12(ème) mois/5(ème) jour/avant/toujours/en/Chine, mon/petit ami/veut/de/Guangxi/venir/voir/eux.

□□□□□□□□□□□□, □□□□□□□。

Mes/Japon/amis/en/Chine/très/heureux, ils/encore/penser/venir en/Chine.

LA LANGUE LA PLUS DIFFICILE AU MONDE ?

Il n'y a pas de méthode convenue pour classer les différentes langues de la planète selon leur degré de difficulté. Certaines langues sont plus dures à prononcer, alors que d'autres possèdent une syntaxe ou une grammaire plus compliquées. Certaines s'écrivent avec l'alphabet latin, quand le japonais par exemple utilise des pictogrammes. Les Arabes eux, se servent d'une sorte d'alphabet dont les éléments se combinent avec fluidité de la droite vers la gauche ; les Russes écrivent en cyrillique ; les Grecs utilisent l'alphabet grec, et au travers de toute l'Asie coexistent des écritures dérivées du sanskrit qui demeurent totalement inintelligibles au néophyte.

D'autre part, des centaines de langages ont existé sous une forme uniquement orale avant que les missionnaires ne soient arrivés et aient dû en inventer une version écrite pour éditer les Livres Saints dans la langue locale. Ainsi, au Vietnam et aux Fidji, les missionnaires (respectivement Français catholiques romains et Ecossais presbytériens) ont apporté quelques solutions de transcriptions phonétiques qui ont traversé l'épreuve du temps.

Le chinois qui est certainement la langue la plus utilisée dans le monde s'est lui toutefois cramponné à sa forme pictographique. L'adoption en parallèle d'une version écrite basée sur l'alphabet phonétique latin (pinyin) a rendu l'enseignement et la recherche dans les dictionnaires plus aisés, mais suscite peu d'engouement pour écarter l'écriture traditionnelle en sa faveur. Et ce n'est pas par pure nostalgie. Le chinois oral comporte bien trop de mots qui se transcrivent à l'identique en pinyin, et seuls les quatre tons peuvent aider à différencier en partie ces homophones. Par exemple, la base de données Unihan liste des centaines de mots sous la syllabe « ji » : si il est relativement aisé de différencier ces mots sous leur forme pictographique, cela est impossible en pinyin.

Toutes les langues provoquent aussi des réactions idiosyncrasiques : juger celle qui serait la plus difficile à s'approprier relève d'une grande subjectivité et dépend ainsi essentiellement des aptitudes de chaque étudiant.

Beaucoup de pays extérieurs à l'Europe ont des langues « bienveillantes » pour le débutant européen : elles ont adopté nombre de nos mots ou des racines qui nous sont familières, elles possèdent une grammaire et une syntaxe simplifiées, et s'écrivent avec notre alphabet. A cet égard, le malais se hisse au sommet de la liste des langues les plus sympathiques pour un commençant : il est adéquatement criblé de mots empruntés au néerlandais, au portugais, à l'espagnol, à l'arabe, au hindi ou encore à l'anglais.

Mais à la différence de la Malaisie, la Chine n'a pas emprunté ou adopté de nombreux mots étrangers, et la question reste toujours en suspens de savoir si le chinois mérite sa réputation de langue la plus difficile au monde. En tout cas, on ne peut nier qu'il faut beaucoup plus de temps pour apprendre le chinois écrit que pour une langue à transcription alphabétique.

La langue parlée ne comporte pas quantité de sons difficiles, mais la maîtrise des tons - savoir utiliser le ton adéquat pour donner du sens à chaque mot - nécessite de l'entraînement et du temps, ce que peu d'étudiants peuvent dédier au sujet. Les Chinois doivent être un peuple particulièrement patient pour pardonner aux étrangers de tant torturer leur langue ancestrale.

La combinaison de son écrit pictographique, de ses tons, de ses masses d'homophones et d'un lexique qui doit très peu aux autres langages place certainement le chinois dans le peloton de tête des langues de la planète les plus difficiles à apprendre. Mais si il s'agit de juger le chinois dans son utilisation courante et non plus dans une situation d'apprentissage, la perception devient différente. Une fois que vous avez appris un sinogramme et quel que soit son nombre de traits, il est plus rapide à lire qu'un long mot en caractères latins. De même que dans la situation inverse, vouloir écrire vite en chinois peut réellement s'avérer très rapide, et il n'est pas nécessaire de se soucier ou de grammaire ou de syntaxe. Vous vous lancez dans l'étude d'une langue parmi les plus anciennes et difficiles au monde, mais les mystères que vous allez peu à peu en déchiffrer vous apporteront beaucoup d'amusement et de satisfactions.

LECTURES COMPLÉMENTAIRES

Pour tous ceux qui souhaiteraient approfondir le sujet, voici quelques suggestions de lectures complémentaires. En premier lieu, il existe le Grand Ricci en plusieurs tomes, dont chacun est lui-même divisé en sous-volumes. L'ensemble fournira au lecteur le plus ardent de quoi dédier sa vie entière à tout ce qui est chinois ; les champs qui y sont traités sont incroyablement vastes.

Quant aux dictionnaires, le choix est large. Le Shuo Wen, datant des années 100 AD, et le Dictionnaire Kang Xi du 18ème siècle fournissent une base solide intégrant les caractères utilisés jusqu'à la fin du second millénaire. Le Shuo Wen donne très souvent des explications étymologiques. Parmi les publications sur la langue chinoise les plus intéressantes figurent 汉字密码 « Hanzi Mima » en 2 volumes, de Tang Han, publié à Shanghai en 2002, et 汉字的故事 « Hanzi de Gushi », de Yu Nairao, publié à Pékin en 2005. Ces deux ouvrages comportent d'excellents exemples d'écriture ancienne.

Il existe de nombreux sites Internet concernant la langue Chinoise et beaucoup se créent régulièrement. Voici quelques bonnes adresses :

- http ://www.zdic.net, la base de données la plus complète sur les caractères chinois (en langue chinoise uniquement)
- http ://www.zhongwen.com, une source intéressante quant au sens d'environ six mille caractères (en anglais)
- http ://unicode.org/charts/unihan.html, fournit un moteur de recherche concernant la base de données Unicode Han (Unihan)
- http ://www.pleco.com, dictionnaire électronique complet anglais/chinois et chinois/anglais sur téléphone mobile. Voyez http ://www.wenlin.com pour une version PC (Windows/Mac/Linux)

Bonne recherche !

TESTS FINALS

Définition	Vérifier, contrôler, passer un examen
Evolution du caractère	考
Ordre des traits	一 十 土 耂 耂 考
Proverbe chinois	考虑再三

TEST FINAL 1 : ÉCRITURE

À votre tour maintenant d'écrire chacun des caractères que vous avez appris. En cas de difficulté, reportez-vous à la leçon correspondant au numéro d'ordre du caractère concerné.

1	一	
2	二	
3	三	
4	十	
5	人	
6	个	
7	大	
8	太	
9	天	
10	从	
11	内	
12	肉	
13	土	
14	坐	
15	广	
16	座	
17	占	

18	点	
19	店	
20	床	
21	去	
22	在	
23	王	
24	主	
25	住	
26	国	
27	因	
28	木	
29	林	
30	森	
31	休	
32	本	
33	目	
34	相	

35	心	
36	想	
37	日	
38	白	
39	勺	
40	的	
41	百	
42	是	
43	早	
44	昨	
45	口	
46	喝	
47	禾	
48	和	
49	香	
50	吃	
51	品	

52	回	
53	女	
54	了	
55	子	
56	好	
57	安	
58	字	
59	家	
60	妈	
61	吗	
62	骂	
63	石	
64	码	
65	田	
66	力	
67	办	
68	为	
69	男	
70	果	
71	门	

72	们	
73	问	
74	间	
75	买	
76	卖	
77	又	
78	双	
79	友	
80	没	
81	刀	
82	米	
83	来	
84	粉	
85	水	
86	冰	
87	汁	
88	千	
89	开	
90	古	
91	舌	

92	话	
93	活	
94	月	
95	朋	
96	明	
97	有	
98	今	
99	冷	
100	户	
101	万	
102	方	
103	房	
104	上	
105	下	
106	卡	
107	直	
108	具	
109	真	
110	寸	
111	对	

112	过	
113	时	
114	村	
115	树	
116	贝	
117	见	
118	贵	
119	现	
120	立	
121	产	
122	位	
123	站	
124	小	
125	少	
126	尖	
127	夕	
128	多	
129	名	
130	句	
131	不	

132	还	
133	看	
134	会	
135	我	
136	你	
137	也	
138	地	
139	他	
140	她	
141	它	
142	东	
143	南	
144	西	
145	北	
146	要	
147	前	
148	后	
149	左	
150	右	
151	中	

152	很	
153	春	
154	夏	
155	秋	
156	冬	
157	鼠	
158	牛	
159	虎	
160	兔	
161	龙	
162	蛇	
163	马	
164	羊	
165	猴	
166	鸡	
167	狗	
168	猪	

Pourriez-vous maintenant reconnaître les caractères du tableau ci-dessous? Observez-les bien : ils devraient vous être familiers!

A	四	
B	五	
C	六	

D	七	
E	八	
F	九	

G	百	
H	万	
I	千	

TEST FINAL 2 : SIGNIFICATION

Transcrivez le sens de chacun des caractères que nous avons abordés. En cas de difficulté, reportez-vous à la leçon correspondant au numéro d'ordre du caractère concerné.

1	一	
2	二	
3	三	
4	十	
5	人	
6	个	
7	大	
8	太	
9	天	
10	从	
11	内	

12	肉	
13	土	
14	坐	
15	广	
16	座	
17	占	
18	点	
19	店	
20	床	
21	去	
22	在	

23	王		43	早	
24	主		44	昨	
25	住		45	口	
26	国		46	喝	
27	因		47	禾	
28	木		48	和	
29	林		49	香	
30	森		50	吃	
31	休		51	品	
32	本		52	回	
33	目		53	女	
34	相		54	了	
35	心		55	子	
36	想		56	好	
37	日		57	安	
38	白		58	字	
39	勺		59	家	
40	的		60	妈	
41	百		61	吗	
42	是		62	骂	

63	石	
64	码	
65	田	
66	力	
67	办	
68	为	
69	男	
70	果	
71	门	
72	们	
73	问	
74	间	
75	买	
76	卖	
77	又	
78	双	
79	友	
80	没	
81	刀	
82	米	

83	来	
84	粉	
85	水	
86	冰	
87	汁	
88	千	
89	开	
90	古	
91	舌	
92	话	
93	活	
94	月	
95	朋	
96	明	
97	有	
98	今	
99	冷	
100	户	
101	万	
102	方	

103	房	
104	上	
105	下	
106	卡	
107	直	
108	具	
109	真	
110	寸	
111	对	
112	过	
113	时	
114	村	
115	树	
116	贝	
117	见	
118	贵	
119	现	
120	立	
121	产	
122	位	

123	站	
124	小	
125	少	
126	尖	
127	夕	
128	多	
129	名	
130	句	
131	不	
132	还	
133	看	
134	会	
135	我	
136	你	
137	也	
138	地	
139	他	
140	她	
141	它	
142	东	

143	南	
144	西	
145	北	
146	要	
147	前	
148	后	
149	左	
150	右	
151	中	
152	很	
153	春	
154	夏	
155	秋	
156	冬	
157	鼠	
158	牛	
159	虎	
160	兔	
161	龙	
162	蛇	
163	马	
164	羊	
165	猴	
166	鸡	
167	狗	
168	猪	

Pourriez-vous maintenant comprendre les caractères du tableau ci-dessous? Observez-les bien : ils devraient vous être familiers!

A	四	
B	五	
C	六	
D	七	
E	八	
F	九	
G	十	

Si vous ne parvenez pas à trouver leur sens, reportez-vous à la première page des chapitres quatre à dix.

TEST FINAL 3 : LES RADICAUX

Transcrivez le radical de chacun des caractères, et cochez la case correspondant à son sens. En cas de difficulté, reportez-vous aux leçons deux et huit.

#	RADICAL	SIGNIFICATION	EXEMPLE
1		☐ Nourriture ☐ Homme	从
2		☐ Main ☐ Insecte	打
3		☐ Lune ☐ Soleil	明
4		☐ Viande ☐ Table	肺
5		☐ Bois ☐ Viande	相
6		☐ Glace ☐ Eau	泳
7		☐ Lumière ☐ Feu	灯
8		☐ Maladie ☐ Récipient	病
9		☐ Œil ☐ Lune	眼
10		☐ Viande ☐ Flamme	脥
11		☐ Musique ☐ Insecte	蛇
12		☐ Fleur ☐ Glace	冰
13		☐ Parole ☐ Voyage	讲
14		☐ Couteau ☐ Toit	召
15		☐ Bouche ☐ Maison	否

#	RADICAL	SIGNIFICATION	EXEMPLE
16		☐ Bois ☐ Animal	犸
17		☐ Eau ☐ Langue	讯
18		☐ Animal ☐ Racine	羚
19		☐ Poisson ☐ Langage	鲐
20		☐ Plante ☐ Maison	花
21		☐ Animal ☐ Poil	彪
22		☐ Arbre ☐ Animal	驼
23		☐ Maladie ☐ Météo	疠
24		☐ Œil ☐ Nourriture	盲
25		☐ Animal ☐ Tissu	狍
26		☐ Animal ☐ Fleur	牡
27		☐ Champ ☐ Glace	男
28		☐ Toit ☐ Instrument de musique	官
29		☐ Liquide ☐ Porte	闯
30		☐ Toit ☐ Danseur	家

TEST FINAL 4 : PINYIN

Transcrivez chacun des caractères ci-dessous en pinyin. En cas de difficulté, reportez-vous à la leçon dix.

#	CAR.	PINYIN
1	一	
2	二	
3	三	
4	十	
5	人	
6	个	
7	大	
8	太	
9	天	
10	从	
11	内	
12	肉	
13	土	
14	坐	
15	广	
16	座	
17	占	

#	CAR.	PINYIN
18	点	
19	店	
20	床	
21	去	
22	在	
23	王	
24	主	
25	住	
26	国	
27	因	
28	木	
29	林	
30	森	
31	休	
32	本	
33	目	
34	相	

#	CAR.	PINYIN
35	心	
36	想	
37	日	
38	白	
39	勺	
40	的	
41	百	
42	是	
43	早	
44	昨	
45	口	
46	喝	
47	禾	
48	和	
49	香	
50	吃	
51	品	

#	CAR.	PINYIN
52	回	
53	女	
54	了	
55	子	
56	好	
57	安	
58	字	
59	家	
60	妈	
61	吗	
62	骂	
63	石	
64	码	
65	田	
66	力	
67	办	
68	为	
69	男	
70	果	
71	门	

#	CAR.	PINYIN
72	们	
73	问	
74	间	
75	买	
76	卖	
77	又	
78	双	
79	友	
80	没	
81	刀	
82	米	
83	来	
84	粉	
85	水	
86	冰	
87	汁	
88	千	
89	开	
90	古	
91	舌	

#	CAR.	PINYIN
92	话	
93	活	
94	月	
95	朋	
96	明	
97	有	
98	今	
99	冷	
100	户	
101	万	
102	方	
103	房	
104	上	
105	下	
106	卡	
107	直	
108	具	
109	真	
110	寸	
111	对	

#	CAR.	PINYIN
112	过	
113	时	
114	村	
115	树	
116	贝	
117	见	
118	贵	
119	现	
120	立	
121	产	
122	位	
123	站	
124	小	
125	少	
126	尖	
127	夕	
128	多	
129	名	
130	句	
131	不	

#	CAR.	PINYIN
132	还	
133	看	
134	会	
135	我	
136	你	
137	也	
138	地	
139	他	
140	她	
141	它	
142	东	
143	南	
144	西	
145	北	
146	要	
147	前	
148	后	
149	左	
150	右	
151	中	

#	CAR.	PINYIN
152	很	
153	春	
154	夏	
155	秋	
156	冬	
157	鼠	
158	牛	
159	虎	
160	兔	
161	龙	
162	蛇	
163	马	
164	羊	
165	猴	
166	鸡	
167	狗	
168	猪	

ANNEXES

LISTE DES CARACTÈRES SELON LEUR SENS FRANÇAIS

Le corpus lexical ci-après concerne les caractères abordés dans les leçons principales. Il laisse de côté les caractères utilisés dans les proverbes et le zodiaque, dont la plupart ne figurent pas dans les listes d'apprentissages indispensables. Rappelez-vous encore que les caractères ont souvent tout un éventail de sens voisins, ou même différents; par exemple, 门 peut signifier un portail ou une porte ; 信 peut vouloir dire sincère ou bien croire ; 利 peut se traduire par aigu ou encore bénéfice ; 日 par soleil ou jour. Les différents sens ou concepts véhiculés par les caractères sont explicités dans les leçons.

DÉFINITION	FORME SIMPLIFIÉE/ TRADITIONNELLE	NUMÉRO DU CARACTÈRE
1	一	1
2	二	2
3	三	3
4	四	4
5	五	Page 58
6	六	Page 71
7	七	Page 86
8	八	Page 100
9	九	Page 109
10	十	Page 114
100	百	41
1 000	千	88

DÉFINITION	FORME SIMPLIFIÉE/ TRADITIONNELLE	NUMÉRO DU CARACTÈRE
10 000	万	101
A		
Acheter	买	75
Aller	去	21
Ami	友	79
Ami	朋	95
Ancien	古	90
Apparaître	现	119
Apparence	相	34
Arbre	树	115
Article	品	51
Asseoir (s')	坐	14

DÉFINITION	FORME SIMPLIFIÉE/ TRADITIONNELLE	NUMÉRO DU CARACTÈRE
Aujourd'hui	今	98
Aussi	也	137
Automne	秋	155
Avant	前	147
Avoir	有	97
B		
Beaucoup	多	128
Blanc	白	38
Boire	喝	46
Bois	木	28
Bon	好	56
Bouche	口	45
Bœuf	牛	158
C		
Calme	安	57
Carte	卡	106
Centre	中	151
Champ	田	65
Cher	贵	118
Cheval	马	163
Chien	狗	167
Clair	明	96
Cochon	猪	168
Coeur	心	35
Coquillage	贝	116

DÉFINITION	FORME SIMPLIFIÉE/ TRADITIONNELLE	NUMÉRO DU CARACTÈRE
Correct	对	111
Couteau	刀	81
Crépuscule	夕	127
Cuiller	勺	39
D		
De (possessif)	的	40
Debout	立	120
Dedans	内	11
Demander	问	73
Derrière	后	148
Direction	方	102
Dragon	龙	161
Droit	直	107
Droite	右	150
E		
Eau	水	85
Elle	她	140
Encore	还	132
Encore (une fois)	又	77
Entre	间	74
Est (direction)	东	142
Et	和	48
Etre	是	42

DÉFINITION	FORME SIMPLIFIÉE/ TRADITIONNELLE	NUMÉRO DU CARACTÈRE
Etre là	站	123
Examen	考	Page 129
F		
Faire	办	67
Femme	女	53
Fils	子	55
Force	力	66
Forêt	林	29
Forêt épaisse	森	30
Froid	冷	99
Fruit	果	70
G		
Gauche	左	149
Glace	冰	86
Grand	大	7
H		
Habiter	住	25
Heure	时	113
Hier	昨	44
Hiver	冬	156
Homme	男	69
Homme (humain)	人	5
I		
Il	他	139
Il (objet)	它	141

DÉFINITION	FORME SIMPLIFIÉE/ TRADITIONNELLE	NUMÉRO DU CARACTÈRE
Individu	个	6
J		
Je	我	135
Jour	日	37
Jour	天	9
Jus	汁	87
L		
La cause	因	27
Langage	话	92
Langue	舌	91
Lapin	兔	160
Lettre	字	58
Lit	床	20
L'été	夏	154
M		
Magasin	店	19
Maison	房	103
Maison	家	59
Manger	吃	50
Marqueur pluriel des pronoms	们	72
Maître	主	24
Ménage (un)	户	100
Millet	禾	47
Mois	月	94

DÉFINITION	FORME SIMPLIFIÉE/ TRADITIONNELLE	NUMÉRO DU CARACTÈRE
Mouton	羊	164
Mère	妈	60
N		
Ne pas	不	131
Ne pas	没	80
Nom	名	129
Nombre	码	64
Nord	北	145
Notion temporelle	了	54
O		
Occuper	占	17
Odorant	香	49
Œil	目	33
Ouest	西	144
Outil	具	108
Ouvrir	开	89
P		
Paire	双	78
Parce que	为	68
Passer (temps)	过	112
Pays	国	26
Penser	想	36
Petit	小	124
Peu	少	125

DÉFINITION	FORME SIMPLIFIÉE/ TRADITIONNELLE	NUMÉRO DU CARACTÈRE
Peu (un)	点	18
Phrase	句	130
Point d'interrogation	吗	61
Pointe (d'aiguille)	尖	126
Porte	门	71
Position	位	122
Pouce (mesure)	寸	110
Poudre	粉	84
Poulet	鸡	166
Pouvoir	会	134
Printemps	春	153
Produire	产	121
R		
Racine	本	32
Rat	鼠	157
Reposer (se)	休	31
Revenir	回	52
Riz	米	82
Roc	石	63
Roi	王	23
Réellement	真	109
Réprimander	骂	62
S		
Serpent	蛇	162

DÉFINITION	FORME SIMPLIFIÉE/ TRADITIONNELLE	NUMÉRO DU CARACTÈRE
Singe	猴	165
Situé à	在	22
Siège	座	16
Sud	南	143
T		
Terre	土	13
Terre/Sol	地	138
Tigre	虎	159
Trop	太	8
Très	很	152
Tu	你	136
Tôt	早	43
U		
Utiliser	用	Page 129
V		
Vaste	广	15
Vendre	卖	76
Venir	来	83
Venir de	从	10
Vers le bas	下	105
Vers le haut	上	104
Viande	肉	12
Vie	活	93
Village	村	114
Voir	见	117
Voir	看	133
Vouloir	要	146

Tableau 14: Liste des caractères selon leur sens français

LISTE DES CARACTÈRES SELON LEUR NOMBRE DE TRAITS

Le tableau ci-dessous classe selon leur nombre de traits les caractères que nous avons étudiés. Comme cet ouvrage met l'accent sur la version simplifiée des sinogrammes, seule cette dernière figure ici.

NOMBRE DE TRAITS	CARACTÈRE	PINYIN	NUMÉRO DU CARACTERE
1	一	yī	1
2	七	qī	Page 86
2	九	jiǔ	Page 109
2	了	le	54
2	二	èr	2
2	人	rén	5

NOMBRE DE TRAITS	CARACTÈRE	PINYIN	NUMÉRO DU CARACTERE
2	八	bā	Page 100
2	刀	dāo	81
2	力	lì	66
2	十	shì	Page 114
3	万	wàn	101
3	三	sān	3
3	上	shàng	104
3	下	xià	105
3	个	gè	6
3	也	yě	137
3	勺	sháo	39
3	千	qiān	88
3	口	kǒu	45
3	土	tǔ	13
3	大	dà	7
3	女	nǚ	53
3	子	zǐ	55
3	寸	cùn	110
3	小	xiǎo	124
3	广	guǎng	15
3	门	mén	71
3	马	mǎ	163
3	夕	xī	127
4	不	bù	131
4	中	zhōng	151
4	为	wèi	68
4	五	wǔ	Page 58
4	今	jīn	98

NOMBRE DE TRAITS	CARACTÈRE	PINYIN	NUMÉRO DU CARACTERE
4	从	cóng	10
4	六	liù	Page 71
4	内	nèi	11
4	办	bàn	67
4	友	yǒu	79
4	双	shuāng	78
4	天	tiān	9
4	太	tài	8
4	少	shǎo	125
4	开	kāi	89
4	心	xīn	35
4	户	hù	100
4	方	fāng	102
4	日	rì	37
4	月	yuè	94
4	木	mù	28
4	水	shuǐ	85
4	牛	niú	158
4	王	wáng	23
4	见	jiàn	117
4	贝	bèi	116
5	东	dōng	142
5	主	zhǔ	24
5	他	tā	139
5	们	men	72
5	冬	dōng	156
5	北	běi	145
5	占	zhàn	17

NOMBRE DE TRAITS	CARACTÈRE	PINYIN	NUMÉRO DU CARACTERE	NOMBRE DE TRAITS	CARACTÈRE	PINYIN	NUMÉRO DU CARACTERE
5	卡	kǎ	106	6	回	huí	52
5	去	qù	21	6	因	yīn	27
5	古	gǔ	90	6	在	zài	22
5	句	jù	130	6	地	dì	138
5	右	yòu	150	6	多	duō	128
5	四	sì	4	6	她	tā	140
5	它	tā	141	6	好	hǎo	56
5	对	duì	111	6	妈	mā	60
5	左	zuǒ	149	6	字	zì	58
5	本	běn	32	6	安	ān	57
5	汁	zhī	87	6	尖	jiān	126
5	田	tián	65	6	早	zǎo	43
5	白	bái	38	6	有	yǒu	97
5	目	mù	33	6	百	bǎi	41
5	石	shí	63	6	米	mǐ	82
5	禾	hé	47	6	舌	shé	91
5	立	lì	120	6	考	kǎo	Page 139
5	龙	lóng	161	7	位	wèi	122
5	用	yòng	Page 129	7	住	zhù	25
6	买	mǎi	75	7	你	nǐ	136
6	产	chǎn	121	7	冷	lěng	99
6	休	xiū	31	7	坐	zuò	14
6	会	huì	134	7	床	chuáng	20
6	冰	bīng	86	7	我	wǒ	135
6	吃	chī	50	7	时	shí	113
6	名	míng	129	7	村	cūn	114
6	后	hòu	148	7	来	lái	83
6	吗	ma	61	7	没	méi	80

NOMBRE DE TRAITS	CARACTÈRE	PINYIN	NUMÉRO DU CARACTERE
7	男	nán	69
7	还	hái	132
7	间	jiān	74
7	鸡	jī	166
8	兔	tù	160
8	具	jù	108
8	卖	mài	76
8	和	hé	48
8	国	guó	26
8	店	diàn	19
8	房	fáng	103
8	明	míng	96
8	朋	péng	95
8	林	lín	29
8	果	guǒ	70
8	狗	gǒu	167
8	现	xiàn	119
8	的	de	40
8	直	zhí	107
8	码	mǎ	64
8	虎	hǔ	159
8	话	huà	92
9	前	qián	147
9	南	nán	143
9	品	pǐn	51
9	很	hěn	152
9	春	chūn	153

NOMBRE DE TRAITS	CARACTÈRE	PINYIN	NUMÉRO DU CARACTERE
9	昨	zuó	44
9	是	shì	42
9	树	shù	115
9	活	huó	93
9	点	diǎn	18
9	相	xiāng	34
9	看	kàn	133
9	秋	qiū	155
9	要	yào	146
9	贵	guì	118
9	香	xiāng	49
9	骂	mà	62
10	夏	xià	154
10	家	jiā	59
10	座	zuò	16
10	真	zhēn	109
10	站	zhàn	123
10	粉	fěn	84
11	猪	zhū	168
11	蛇	shé	162
12	森	sēn	30
12	猴	hóu	165
12	喝	hē	46
13	想	xiǎng	36
13	鼠	shǔ	157

Table 15: Liste des caractères selon leur nombre de traits

LISTE DES 214 RADICAUX KANGXI

La liste suivante contient la totalité des 214 radicaux Kangxi, apparue dans le Zihui de 1615 puis adoptée et popularisée par le dictionnaire Kangxi de 1716. Elle est basée sur le nombre de traits de chaque radical et fournit quelques exemples de caractères le contenant. Cette liste est devenue un classique si usité que l'on se réfère parfois à un radical simplement par son numéro d'ordre dans la liste. Si l'on évoque le « radical 61 » par exemple, sans aucune autre référence contextuelle, cela signifie 心.

一 丨 丶 丿 乙 亅 二 亠 人 儿 入 八 冂 冖 冫 几
凵 刀 力 勹 匕 匚 匸 十 卜 卩 厂 厶 又 口 囗 土
士 夂 夊 夕 大 女 子 宀 寸 小 尢 尸 屮 山 巛 工
己 巾 干 幺 广 廴 廾 弋 弓 彐 彡 彳 心 戈 戶 手
支 攴 文 斗 斤 方 无 日 曰 月 木 欠 止 歹 殳 毋
比 毛 氏 气 水 火 爪 父 爻 爿 片 牙 牛 犬 玄 玉
瓜 瓦 甘 生 用 田 疋 疒 癶 白 皮 皿 目 矛 矢 石
示 禸 禾 穴 立 竹 米 糸 缶 网 羊 羽 老 而 耒 耳
聿 肉 臣 自 至 臼 舌 舛 舟 艮 色 艸 虍 虫 血 行
衣 襾 見 角 言 谷 豆 豕 豸 貝 赤 走 足 身 車 辛
辰 辵 邑 酉 釆 里 金 長 門 阜 隶 隹 雨 靑 非 面
革 韋 韭 音 頁 風 飛 食 首 香 馬 骨 高 髟 鬥 鬯
鬲 鬼 魚 鳥 鹵 鹿 麥 麻 黃 黍 黑 黹 黽 鼎 鼓 鼠
鼻 齊 齒 龍 龜 龠

⺀ ⺁ ⺂ ⺃ ⺄ ⺅ ⺆ ⺇ ⺈ ⺉ ⺊ ⺋ ⺌ ⺍ ⺎ ⺏
⺐ ⺑ ⺒ ⺓ ⺔ ⺕ ⺖ ⺗ ⺘ ⺙ 　 ⺛ ⺜ ⺝ ⺞ ⺟
⺠ ⺡ ⺢ ⺣ ⺤ ⺥ ⺦ ⺧ ⺨ ⺩ ⺪ ⺫ ⺬ ⺭ ⺮ ⺯
⺰ ⺱ ⺲ ⺳ ⺴ ⺵ ⺶ ⺷ ⺸ ⺹ ⺺ ⺻ ⺼ ⺽ ⺾ ⺿
⻀ ⻁ ⻂ ⻃ ⻄ ⻅ ⻆ ⻇ ⻈ ⻉ ⻊ ⻋ ⻌ ⻍ ⻎ ⻏
⻐ ⻑ ⻒ ⻓ ⻔ ⻕ ⻖ ⻗ ⻘ ⻙ ⻚ ⻛ ⻜ ⻝ ⻞ ⻟
⻠ ⻡ ⻢ ⻣ ⻤ ⻥ ⻦ ⻧ ⻨ ⻩ ⻪ ⻫ ⻬ ⻭ ⻮ ⻯
⻰ ⻱ ⻲ ⻳

List of Unicode 'radicals' (AR PL UKai TW)

Tableau des 214 radicaux Kangxi + variantes, en écriture chinoise traditionnelle

Nota:

Le décompte des traits dans le tableau ci-dessous est basé sur la série traditionnelle des caractères chinois. Sur 214 radicaux, 24 ont été simplifiés.

NO.	RADICAL (VARIANTES)	NOMBRE DE TRAITS	PINYIN	SIGNIFICATION	EXEMPLES
96	[玉]王 (⺩)	5	yù (wáng)	jade (Roi)	王 玉 主 弄 皇 理 差 圣

(⺩)：Variante

王：Chinois simplifié

[玉] : Chinois traditionnel

NO.	RADICAL (VARIANTES)	NOMBRE DE TRAITS	PINYIN	SIGNIFICATION	EXEMPLES
1	一	1	yī	Un	七三不世
2	丨	1	gǔn	Ligne	中
3	丶	1	zhǔ	Point	丸主
4	丿	1	piě	Slash	久之乎
5	乛(乙, ⺄, 乚)	1	yǐ	Second	九也
6	亅	1	jué	Crochet	了事
7	二	2	èr	Deux	五井些亚
8	亠	2	tóu	Couvercle	亡交京
9	人(亻)	2	rén	Homme, humain	仁休位今
10	儿	2	ér	Jambes, fils (=masc. de fille)	兄元
11	入	2	rù	Entrer	入两
12	八	2	bā	Huit	公六共兵
13	冂	2	jiōng	Campagne ouverte, champs	内再
14	冖	2	mī	Couverture	冗冠
15	冫	2	bīng	Glace	冬冶冷冻
16	几	2	jī	Table	凡
17	凵	2	qǔ	Récipient, bouche ouverte	凶出函

NO.	RADICAL (VARIANTES)	NOMBRE DE TRAITS	PINYIN	SIGNIFICATION	EXEMPLES
18	刀(刂)	2	dāo	Couteau, épée	刀分切初利刻则前
19	力	2	lì	(Le) pouvoir, force	力加助勉
20	勹	2	bāo	Envelopper, embrasser	勾包
21	匕	2	bǐ	Cuiller	化北
22	匚	2	fāng	Boîte	匣
23	匸	2	xǐ	Enclos aveugle	匹区
24	十	2	shí	Dix, complet	十午半博
25	卜	2	bǔ	Divination	占卦
26	卩	2	jié	Sceau, tampon	印危卵
27	厂	2	hàn, chǎng	Falaise	厚原
28	厶	2	sī	Privé	去参
29	又	2	yòu	Encore	友反取受
30	口	3	kǒu	Bouche, ouverture	口古可名君否呉告周味命和哲唐善器
31	囗	3	wéi	Enclos	四回国图
32	土	3	tǔ	Terre	土在地型城场壁压
33	士	3	shì	Etudiant, célibataire	士壹
34	夂	3	zhǐ	Aller	(夂)
35	夊	3	suī	Aller lentement	夏
36	夕	3	xī	Soir, crépuscule	夕外多夜
37	大	3	dà	Grand/gros, très	大天奈奥
38	女	3	nǚ	Femme, féminin, femelle	女好妄妻姊始姓姬
39	子	3	zǐ	Enfant, semence	子孔字学
40	宀	3	mián	Toit	守家寒实
41	寸	3	cùn	Pouce	寸寺尊将
42	小	3	xiǎo	Petit, insignifiant	小少
43	尢, 尣	3	wāng	Boiteux, estropié	就
44	尸	3	shī	Corps	尺局
45	屮	3	chè	Bourgeon, germe	屯

NO.	RADICAL (VARIANTES)	NOMBRE DE TRAITS	PINYIN	SIGNIFICATION	EXEMPLES
46	山	3	shān	Montagne	山冈岩岛
47	巛 (川,巜)	3	chuān	Fleuve, rivière	川州巡
48	工	3	gōng	Travail	工左巫差
49	己 巳 已 巳	3	jǐ	Soi-même (lui/elle-même)	己巳
50	巾	3	jīn	Turban, écharpe	市布帝常
51	干	3	gān	Sec	平年
52	幺	3	yāo	Court, minuscule	幻幼
53	广	3	guǎng	Toit en pente, vaste, étendu	序店府度座庭广厅
54	廴	3	yín	Grandes enjambées	延
55	廾	3	gǒng	Deux mains, vingt	弁
56	弋	3	yì	Tir, flèche	式弑
57	弓	3	gōng	Arc	弓引弟弱弥
58	彐(彑)	3	jì	Groin (de cochon)	彖
59	彡	3	shān	Soie (=poil), barbe	形彦
60	彳	3	chì	(Un) pas, marche	役彼后得德徽
61	心 (忄⺗)	4	xīn	Cœur	必忙忌性悪情想
62	戈	4	gē	Pique, lance, hallebarde	成式弐戦
63	戶, 户, 戸	4	hù	Porte (=seuil), maison	戸戻所
64	手 (扌龵)	4	shǒu	Main	手持挂拳拜拳掌掣举(打批技抱押)
65	支	4	zhī	Branche	豉敧
66	攴(攵)	4	pū	Coup sec	收叙数斁
67	文	4	wén	Ecriture, littérature	文斊学斌斐斑斓
68	斗	4	dǒu	(Une) louche, plongeur	料斡
69	斤	4	jīn	Hache	所斧新斥斩断
70	方	4	fāng	Carré, place	方放旅族

NO.	RADICAL (VARIANTES)	NOMBRE DE TRAITS	PINYIN	SIGNIFICATION	EXEMPLES
71	无	4	wú	Ne … pas (négation)	无 旡 既 旣
72	日	4	rì	Soleil, jour	日白百明的映时晚
73	曰	4	yuē	Dire	书 最 晋 曷 曹 曾
74	月	4	yuè	Lune, mois	有 服 青 朝
75	木	4	mù	Arbre	木 李 板 相 根 森 楽 机 末 本 杉 林
76	欠	4	qiàn	Manque, bâillement	欣 钦 欧 欲 歌
77	止	4	zhǐ	Stop, arrêt	正 步 此 步 武 歪 岁
78	歹 (歺)	4	dǎi	Mort, déclin	死 列 殆
79	殳	4	shū	Arme, lance	役 投 殴 般
80	毋(母)	4	wú	Mère, ne…pas (=défense de)	毋 母 每 姆 梅
81	比	4	bǐ	Comparer, concourir	皆 批 毕 毖 毗 毚
82	毛	4	máo	Fourrure, chevelure	毧 毡 毦 毫 毳 耗
83	氏	4	shì	Clan, tribu	氏 民 纸 婚 氓
84	气	4	qì	Vapeur, respiration	氛 汽 氧
85	水 (氵,氺)	4	shuǐ	Eau	水 永 泳 决 治 海 演 汉 濑
86	火 (灬)	4	huǒ	Feu	火 灯 毯 爆 (烈 烹 焦 然 煮)
87	爪 (爫)	4	zhǎo	Griffe, serre, pince	爬 爯 争 爰 为
88	父	4	fù	Père	斧 釜
89	爻	4	yáo	Mélange, entrelacs, croisement	俎 爽 尔
90	爿	4	qiáng	Bois fendu	床 奘 牒
91	片	4	piàn	(Une) tranche	版 牌 牒
92	牙	4	yá	Croc (canine)	芽 呀 掌
93	牛 (牜)	4	niú	Vache	告 牟 牧 物 特 解

NO.	RADICAL (VARIANTES)	NOMBRE DE TRAITS	PINYIN	SIGNIFICATION	EXEMPLES
94	犬 (犭)	4	quǎn	Chien	犬 犯 狂 狙 狗 献 獸
95	玄	5	xuán	Sombre, foncé, profond	弦 兹
96	[玉]王 (王)	5	yù (wáng)	Jade (roi)	王 玉 主 弄 皇 理 差 圣
97	瓜	5	guā	Melon	呱 瓞
98	瓦	5	wǎ	Tuile	瓩 瓮 甄
99	甘	5	gān	Doux, sucré	柑 甜 酣
100	生	5	shēng	Vie	牲 笙 甥
101	用 (甩)	5	yòng	Utiliser	佣 甬 宁
102	田	5	tián	Champ	田 町 思 留 略 番
103	疋 (⻊)	5	pǐ	Pièce de tissu	疏 楚 胥 延
104	疒	5	chuáng	Maladie	病 症 痛 癌 癖
105	癶	5	bō	Teinte mouchetée	発 登
106	白	5	bái	Blanc	皃 的 皆 皇
107	皮	5	pí	Peau	披 彼 波
108	皿	5	mǐn	(Un) plat	盂 盉 盍 监 蘯
109	目	5	mù	Œil	目 见 具 省 眠 眼 観 覧
110	矛	5	máo	Lance	茅 矜
111	矢	5	shǐ	Flèche	医 族 矩
112	石	5	shí	Roc	石 岩 砂 破 碑 碧
113	示 (礻)	5	shì	Esprit, ancêtre	示 礼 社 奈 神 祭 视 禁 福
114	禸	5	róu	Piste	禹 禺 禽
115	禾	5	hé	Grain(e)	利 私 季 和 科 香 秦 谷
116	穴	5	xué	Grotte	空 突 窅 窘 窩 窶 窦
117	立	5	lì	Etre debout, érigé	立 音 产 翌 意 新 端 亲 竞
118	竹 (⺮)	6	zhú	Bambou	竺 笑 第 等 简
119	米	6	mǐ	Riz	料 断 奥 糊 麟

NO.	RADICAL (VARIANTES)	NOMBRE DE TRAITS	PINYIN	SIGNIFICATION	EXEMPLES
120	[糸] 纟 (纟)	6	sī	Soie	系 级 纸 素 细 组 终 絵 紫
121	缶	6	fǒu	Récipient, pot	缶 缸 窑 陶
122	网 (罒 罓, 冈, ⺳)	6	wǎng	Filet, toile (d'araignée)	买 罪 置 罗
123	羊 (⺶)	6	yáng	Mouton	着 羚 翔 着
124	羽	6	yǔ	Plume	习 翀 翁 翔
125	老 (耂)	6	lǎo	Vieux, âgé	耆 孝 耋
126	而	6	ér	Et, mais	耍 耐 耑
127	耒	6	lěi	Charrue, labour	耔 耝 耨 耰
128	耳	6	ěr	Oreille	取 闻 职 丛
129	聿 (⺺)	6	yù	Brosse	律 书 建
130	肉 (月)	6	ròu	Viande	肉 肖 股 胃 肞 脤
131	臣	6	chén	Ministre, fonctionnaire	卧 宦 藏
132	自	6	zì	Soi-même	自 臬 臲
133	至	6	zhì	Arriver	致 銍 台
134	臼	6	jiù	Mortier	桕 舅 舂 鼠 插
135	舌	6	shé	Langue	乱 适 话 舍
136	舛	6	chuǎn	Opposé	舛 舜 舞
137	舟	6	zhōu	Bateau	航 船 舰
138	艮	6	gēn	Arrêt, escale	良 饮 很
139	色	6	sè	Couleur, joli	色 艴 艳
140	艸 (艹)	6	cǎo	Herbe	共 花 英 苦 草 茶 落 幕 靴 鞄 薬
141	虍	6	hǔ	Tigre	虎 虐 彪 虒
142	虫	6	chóng	Insecte	蚯 蚓 强 触 蚁 蟹
143	血	6	xuè	Sang	洫 衁 衅 众
144	行	6	xíng	Aller, faire	行 衍 术 冲
145	衣 (衤)	6	yī	Vêtements	衣 初 被 装 裁 复

NO.	RADICAL (VARIANTES)	NOMBRE DE TRAITS	PINYIN	SIGNIFICATION	EXEMPLES
146	西 (襾, 覀)	6	xī	Ouest	西 要 覉
147	[見]见	7	jiàn	Voir	规 亲 觉 观
148	角	7	jiǎo	Corne	觚 解 粗 觥 触
149	[言] 讠 (訁)	7	yán	Discours, parole	誁 訉 诏 评 詷 詥 试 訾
150	谷	7	gǔ	Vallée	溪 谿 谸
151	豆	7	dòu	Haricot	岂 丰 竖
152	豕	7	shǐ	Cochon	豖 豚 象
153	豸	7	zhì	Chat, blaireau	豹 貌 猫 貐 貉
154	[貝]贝	7	bèi	Coquille	财 贼 赐 赣 贫 货 贯 贸
155	赤	7	chì	Rouge, nu	赫 赭
156	走 (赱)	7	zǒu	Courir	赴 起 超
157	足(⻊)	7	zú	Pied	跑 跨 跟 跪 路
158	身	7	shēn	Corps	躬 躲 躯
159	[車]车	7	chē	Charrette, voiture	轨 软 较 军 载
160	辛	7	xīn	Aigre, amer	辜 辟 辣 办 辨
161	辰	7	chén	Matin	辱 农
162	辵 (辶, ⻌, ⻍)	7	chuò/ zouzhi	Marcher, promenade	巡 迎 通 追 逃 辶 迎 进
163	邑 (阝)	7	yì	Ville (阝 droite)	那 邦 郎 部 郭 都 乡
164	酉	7	yǒu	Vin, alcool	醉 酱 油 醒 酸
165	釆	7	biàn	Diviser, distinguer, choisir	釉 释
166	里	7	lǐ	Village, mille (distance)	野 野
167	金 ([釒] 钅)	8	jīn	Métal, or	银 铜 钉 锐 鋞 铻 銈 铋 钳 鈡 鍛
168	[長]长 (镸)	8	cháng	Long, pousser/grandir	镸 镽
169	[門]门	8	mén	Porte, portail	间 闲 关 鬪 闭 开 闰 间 关

NO.	RADICAL (VARIANTES)	NOMBRE DE TRAITS	PINYIN	SIGNIFICATION	EXEMPLES
170	阜 (⻖)	8	fù	Butte, barrage (⻖ gauche)	阪 防 阻 陆 陉 院 险 陈
171	隶	8	lì	Esclave, capture	隶 隺
172	隹	8	zhuī	Petit oiseau	雀 集 雁 难 雀 雅
173	雨	8	yǔ	Pluie	雾 霜 雪 霸 雪 云 雾
174	青, 靑	8	qīng	Bleu	靖 靖 静
175	非	8	fēi	Faux (erroné)	靠 靠 悲
176	面 (靣)	9	miàn	Face, visage	腼 靥
177	革	9	gé	Cuir brut, peau non tannée	靴 鞍 鞅 鞍 鞭
178	[韋] 韦	9	wéi	Cuir tanné	韦 韩 韬
179	韭	9	jiǔ	Poireau	韱 韲
180	音	9	yīn	Son (bruit)	韶 韵 馨
181	[頁] 页	9	yè	Feuille	顷 项 顺 须 领 头 瓶 顶
182	[風] 风	9	fēng	Vent	台 飘 飀 颮 颪
183	[飛] 飞	9	fēi	Voler (en l'air)	飝 飝
184	食 ([飠] 饣)	9	shí	Manger, nourriture	饭 饮 饿 余 餐 养
185	首	9	shǒu	Tête	馗 馘
186	香	9	xiāng	Odeur	馨 馫
187	[馬] 马	10	mǎ	Cheval	冯 驯 驰 驻 惊
188	骨	10	gǔ	Os	骼 脏 髀 骿 鲠
189	[髙] 高	10	gāo	Grand, élevé	髛 髜
190	髟	10	biāo	Cheveux longs	发 须 松 胡 髦
191	[鬥] 斗	10	dòu	Combat	闹 鬪
192	鬯	10	chàng	Herbes, vin sacrificatoire	鬱 郁
193	鬲	10	lì	Trépied, chaudron	鬻 鬷 鬸
194	鬼	10	guǐ	Fantôme, démon	魂 魁 魆 魄
195	鱼	11	yú	Poisson	鲤 鲍 魛 魞 魝 魞 魟 魠
196	[鳥] 鸟	11	niǎo	Oiseau	鳫 鸡 鳭 凤 鸣 鳿 鸡 鸣 鸿 鸳

NO.	RADICAL (VARIANTES)	NOMBRE DE TRAITS	PINYIN	SIGNIFICATION	EXEMPLES
197	[鹵]卤	11	lǔ	Sel	咸 碱 盐
198	鹿	11	lù	Cerf	尘 麃 麋 麗 麟
199	[麥]麦	11	mài	Blé	麴 面 麱 麨 麵
200	麻	11	má	Chanvre, lin	么 魔
201	黃	12	huáng	Jaune	黈 黌
202	黍	12	shǔ	Millet	黏 黎
203	黑	12	hēi	Noir	点 黛 黱 党
204	黹	12	zhǐ	Broderie, travail de couture	黼 黻
205	[黽]黾	13	mǐn	Grenouille, amphibien	鼈 鼋 鼉
206	鼎	13	dǐng	Trépied	鼏 鼐
207	鼓	13	gǔ	Tambour	鼗 鼙
208	鼠	13	shǔ	Rat, souris	鼢 鼣 鼤
209	鼻	14	bí	Nez	劓 鼽 鼿
210	[齊]齐	14	qí	Plat (lisse), uniforme	斋 齑 齑
211	[齒]齿	15	chǐ	Dent, molaire	龄 龆 龂
212	[龍]龙	16	lóng	Dragon	龖 龘
213	[龜]龟	16	guī	Tortue	龝
214	龠	17	yuè	Flûte	龣 龤

Tableau 16: Liste des 214 radicaux Kangxi

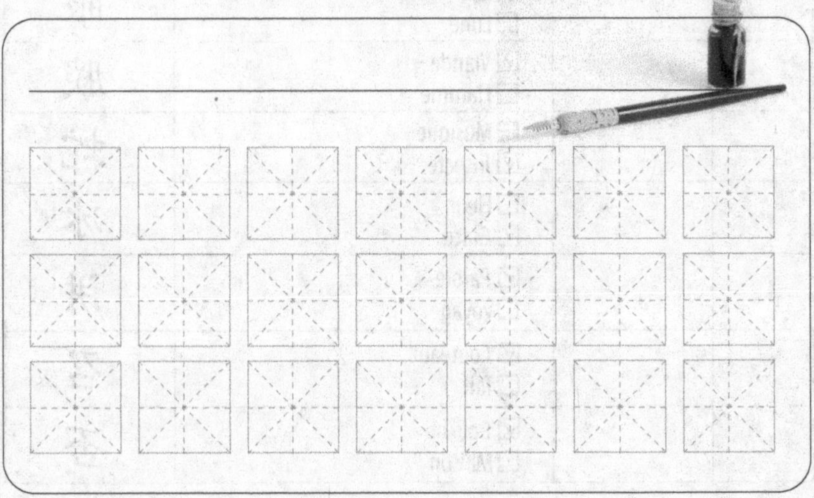

GRILLE DE RÉPONSES DU TEST 1

Grille de réponses du test 1 de la leçon 2, page 30.

#	RADICAL	SENS	EXEMPLE
1		☐ Nourriture ☑ Homme	从
2		☑ Main ☐ Insecte	打
3		☐ Lune ☑ Soleil	明
4		☑ Viande ☐ Table	肺
5		☑ Bois ☐ Viande	相
6		☐ Glace ☑ Eau	泳
7		☐ Lumière ☑ Feu	灯
8		☑ Maladie ☐ Récipient	病
9		☑ Œil ☐ Lune	眼
10		☑ Viande ☐ Flamme	胶
11		☐ Musique ☑ Insecte	蛇
12		☐ Fleur ☑ Glace	冰
13		☑ Parole ☐ Voyage	讲
14		☑ Couteau ☐ Toit	召
15		☑ Bouche ☐ Maison	否

GRILLE DE RÉPONSES DU TEST 2

Grille de réponses du test 1 de la leçon 8, page 106.

#	RADICAL	SENS	EXEMPLE
16		☐ Bois ☑ Animal	犸
17		☐ Eau ☑ Langue	讯
18		☑ Animal ☐ Racine	羚
19		☑ Poisson ☐ Langage	鲐
20		☑ Plante ☐ Maison	花
21		☐ Animal ☑ Poil	彪
22		☐ Arbre ☑ Animal	驼
23		☑ Maladie ☐ Météo	痨
24		☑ Œil ☐ Nourriture	盲
25		☑ Animal ☐ Tissu	狍
26		☑ Animal ☐ Fleur	牡
27		☑ Champ ☐ Glace	男
28		☑ Toit ☐ Instrument de musique	官
29		☐ Liquide ☑ Porte	闯
30		☑ Toit ☐ Danseur	家

www.ingramcontent.com/pod-product-compliance
Lightning Source LLC
Chambersburg PA
CBHW010859090426
42738CB00018B/3438

* 9 7 8 1 7 8 8 9 4 5 8 7 5 *